Souffles de Grâce

30 jours pour s'approcher de son cœur

Par

Thashiana Moonegan

Table des matières

Jour 1

Soyez dans l'allégresse

« Réjouissez-vous en l'Éternel, et soyez dans l'allégresse, vous tous qui êtes droits en cœur »

Psaumes 32 :11

Laissez derrière vous le fardeau de la douleur et du chagrin passés, car nul ne peut changer ce qui est révolu. Mais entre vos mains réside le pouvoir de façonner l'avenir qui se dessine. Accueillez ce nouveau jour avec un cœur ouvert, en vous imprégnant de la joie et de la paix offertes par le Seigneur. Il vous a comblée du don précieux du salut — un amour personnel, qui vous appelle par votre nom, choisi parmi tous. Fiez-vous à Lui, car Sa bonté ne faillit jamais. Que votre cœur s'oriente vers la guérison, en faisant de Jésus le centre même de votre vie. Refusez de vous attarder dans le désespoir, car nous savons que, dans toutes choses, Dieu agit pour le bien de ceux qui L'aiment et sont appelés selon Son dessein. Élevez votre voix dans la louange, glorifiez Son saint nom, car c'est en Sa présence que vous découvrirez votre plénitude véritable et que votre âme sera inondée de Son amour éternel.

Notes clés :

- Oubliez les blessures du passé
- Réjouissez-vous de votre salut
- Mettez votre confiance en Dieu.
- Louez son nom même au cœur de l'épreuve.

Versets du jour

- Ésaïe 61:10
- Philippiens 4:4
- Psaume 118, 1-29
- Habacuc 3:18

Questions de réflexion

- Quels attachements passés ou quels fardeaux non résolus pèsent encore sur mon cœur, m'empêchant de goûter pleinement à la liberté que Dieu désire pour moi ?
- Quels obstacles se dressent dans ma vie, freinant la réception et l'acceptation des plans et des bénédictions que Dieu a préparés pour moi — aujourd'hui et dans l'avenir ?
- Quelles blessures enfouies refont surface dans le silence de mes moments de recueillement, et de quelle manière influencent-elles mon équilibre intérieur et mon ouverture à la guérison divine ?
- Existe-t-il des luttes secrètes ou des péchés cachés, des zones sombres où mon âme soupire après la grâce transformatrice de Dieu pour retrouver liberté et renouveau ?
- En quoi mes brisures influencent-elles non seulement ma propre marche spirituelle, mais aussi la vie de ceux que j'aime et de ceux que je croise ?
- Quand ai-je pour la dernière fois expérimenté la guérison de Dieu dans un domaine où j'étais lié ? À quoi ressemblait cette restauration, et comment a-t-elle transformé mon être ?

Affirmation

- Écrivez une ou deux affirmations sur le fait que vous êtes libérée de votre passé et que vous vous réjouissez de votre salut. (Par exemple : « Je suis libérée des chaînes de mon passé, car en Christ, je suis renouvelée, et sa grâce me donne la force de marcher dans la liberté et la joie.)

Suggestions pour la prière

- Recherchez la présence de Dieu dans la prière, en Lui demandant humblement d'illuminer les profondeurs de votre cœur et de vous aider à abandonner chaque partie cachée de vous-même à Sa volonté d'amour.
- Rendez grâce à Dieu pour le don du salut et pour les beaux plans qu'il a préparés avec amour pour votre vie.
- Demandez qu'il touche votre cœur pour guérir, afin que vous puissiez devenir un témoignage vivant de sa grâce, rayonnant de son amour à tous ceux qui vous rencontrent.

Notes

Jour 2

Parlez-lui

« Persévérez dans la prière, veillez-y avec actions de grâces ».

Colossiens 4:2

Aucune relation ne peut véritablement s'épanouir sans une communication authentique et constante. Sans ce lien, l'amour peut sembler distant, comme une ombre persistante là où brillait autrefois la lumière. La communication ouvre le cœur, dévoilant ses désirs profonds, et lorsqu'elle circule librement, elle renforce le lien émotionnel, nourrissant une intimité plus profonde. De la même façon, notre relation avec Dieu ne peut croître sans que nous prenions le temps de lui parler. Bien qu'Il connaisse déjà les profondeurs de notre être — nos combats, nos souhaits — Il désire que nous Lui offrions nos besoins, nos espoirs, notre amour et notre gratitude. Plus nous déversons notre cœur devant Lui, plus nous sommes ouverts à entendre Sa voix. À chaque échange, notre amour pour Lui s'approfondit et nous sommes transformées, mieux préparées à accueillir les changements et les défis que la vie nous réserve.

Notes clés :

- Priez tous les jours.
- La communication est synonyme de connexion.
- La prière vous soutiendra dans l'amour et dans l'épreuve.

Versets du jour

- 1Thessaloniciens 5:16-18
- Philippiens 4:6-7
- Matthieu 6:5-8
- Psaume 145:18

Questions de réflexion

- En observant ma vie de tous les jours, quelle activité m'accapare le plus ?
- Est-ce que je prends vraiment le temps de communier avec Dieu ?
- Consacre-je autant de moments à parler avec Lui qu'à échanger avec mes proches — conjoint, amis, famille ?
- Quel est le contenu de mon dialogue avec Dieu ? Est-il centré sur mes besoins et désirs, ou y trouve-t-on aussi de la révérence, de la gratitude, et un vrai désir de comprendre Son plan pour moi ?
- Que ressens-je quand une journée s'écoule sans que je parle à Dieu ? Cette absence me pèse-t-elle, ou ai-je fini par m'habituer à ce silence, le considérant comme normal ?

Affirmation

- Écrivez une ou deux affirmations sur la façon dont vous vous sentez privilégiée de pouvoir parler avec Dieu et sur le fait que la prière devient indispensable pour vous.

Suggestions pour la prière

- Demandez à Dieu de faire grandir votre amour pour Lui, au point que chaque moment sans Sa présence vous semble incomplet.
- Remerciez-Le pour le privilège unique de pouvoir Lui parler directement, grâce au nom de Son Fils.
- Priez pour que l'Esprit Saint oriente chacune de vos prières, vous guidant avec sagesse dans toutes vos demandes.
- Confiez à Dieu votre désir de prier davantage pour ceux qui vous entourent, vos frères et sœurs en Christ, et pour l'avancement de Son Royaume.
- Exprimez votre volonté de Lui témoigner plus d'amour, de gratitude et d'action de grâce à travers vos prières quotidiennes.

Notes

Jour 3

Renouvelez votre force

« Mais ceux qui se confient en l'Éternel renouvellent leur force. Ils prennent leur envol comme les aigles ; ils courent et ne se lassent pas, ils marchent et ne se fatiguent pas"

Ésaïe 40:31

Si vous sautez un repas, vous commencerez vite à ressentir la faiblesse. Et si vous restez sans nourriture pendant plusieurs jours, cette faiblesse s'accentuera jusqu'à mettre votre vie en danger. De la même manière, aucun être vivant ne peut se maintenir sans renouvellement. Chaque créature a besoin d'être restaurée. Tout comme votre corps réclame des repas quotidiens pour garder sa force, votre âme a besoin d'être nourrie chaque jour par la Parole de Dieu. La sainteté ne peut s'épanouir sans la présence constante et la restauration que Dieu offre. Votre âme réclame une alimentation spirituelle régulière, un rafraîchissement et un soutien. Soyez intentionnelle : cessez de perdre du temps à faire défiler sans fin les réseaux sociaux ou à vous investir dans des choses qui ne glorifient pas Dieu. Sinon, vous risquez de devenir vulnérable aux attaques de l'ennemi et aux troubles intérieurs.

Notes clés :

- Lisez la parole de Dieu tous les jours.
- Arrêtez de perdre du temps sur les réseaux sociaux
- Arrêtez de perdre du temps dans des choses qui prennent la place de Dieu dans votre vie.

Versets du jour

- Matthieu 4:4
- Psaume 119:11
- Job 22:22
- Josué 1:8

Questions de réflexion

- Y a-t-il dans ma vie des choses que je place au-dessus de la sagesse sacrée de la Parole de Dieu ?
- Est-ce que je me surprends parfois à être plus absorbée par les médias sociaux qu'à m'immerger dans la puissance transformatrice de la Parole divine ?
- Que ressens-je quand Dieu parle directement à mon cœur à travers les Écritures ?
- Est-ce que je crois vraiment que Dieu révèle Sa volonté pour ma vie à travers Sa Parole, guidant chacun de mes pas ?
- Après mes temps de réflexion et de méditation sur la Parole, est-ce que je me sens renouvelée, fortifiée et plus proche de Lui ?
- Est-ce que je lutte parfois contre la paresse ou le découragement quand il s'agit de me consacrer à Sa Parole, même en sachant qu'elle nourrit mon âme ?

Affirmation

- Écrivez une ou deux affirmations sur la façon dont vous êtes déterminée à passer du temps quotidiennement dans la parole de Dieu pour renouveler votre esprit et fortifier votre âme.

Suggestions pour la prière

- Invoquez le Seigneur pour qu'Il vous fortifie en esprit, Lui demandant de briser les chaînes de la paresse spirituelle et d'allumer en vous une faim nouvelle pour Sa Parole.
- Remerciez-Le, le cœur rempli de gratitude, pour le don précieux des Écritures et la merveilleuse liberté que vous avez de lire, d'étudier et de méditer Sa vérité sans crainte.
- Cherchez Sa voix chaque fois que vous ouvrez la Bible, Lui demandant de révéler clairement Sa volonté et Sa direction à travers chaque passage.
- Accueillez le Saint-Esprit dans votre temps de lecture, Lui demandant sagesse et discernement pour comprendre ce que le Père veut vous transmettre.
- Priez pour que Dieu grave Sa Parole sur les tables de votre cœur, afin qu'en temps d'épreuve ou de tentation, le Saint-Esprit vous rappelle ces vérités cachées pour vous soutenir, vous guider et vous élever.

Notes

Jour 4

Préparez-lui le chemin

« Dans le désert, préparez le chemin de l'Éternel, aplanissez dans la steppe une route pour notre Dieu. »

Ésaïe 40:3

Chaque cœur humain est comme un désert, attendant qu'une voie soit ouverte pour que Dieu puisse y pénétrer pleinement. Nous devons reconnaître notre nature déchue, sachant que le péché doit être sans cesse retiré de nos vies jusqu'au jour de la glorification. Pourtant, dans ce cheminement, Dieu désire ardemment que nous nous rapprochions de Lui et de Sa sainteté chaque jour. Même si nous ne vivons plus dans le péché, Il travaille toujours à ôter les obstacles qui freinent notre croissance spirituelle. Aujourd'hui, choisissez d'abandonner vos désirs égocentriques et les plaisirs éphémères du monde. Demandez au Saint-Esprit de vous révéler ce qui doit être transformé en vous. Diminuez votre confiance en l'autosatisfaction et en l'autosuffisance. Préparez le terrain pour que Dieu se manifeste pleinement dans votre vie. Décidez dès maintenant d'enlever les pierres d'achoppement du péché et de déraciner toute forme de rébellion. Que votre cœur devienne une autoroute, façonnée par Sa grâce, prête à accueillir une relation plus profonde avec Lui.

Notes clés :

- Préparez votre cœur à progresser dans la sainteté
- Après le salut, l'étape suivante est la sanctification
- Arrêtez de mettre votre confiance dans l'autosatisfaction et l'autosuffisance.

Versets du jour

- Jérémie 4:3-4
- Luc 8:15
- 1 Samuel 7:3

Questions de réflexion

- Quels obstacles se dressent sur mon chemin vers une plus grande sainteté et une intimité accrue avec Dieu ?
- Est-ce que je place ma confiance dans mes propres forces, croyant qu'une fois sauvée, je n'ai plus besoin de grandir ni de changer ?
- Quelle est ma véritable perception du péché, et comment se manifeste ma relation avec lui ?
- Mes désirs ont-ils été transformés au point de me rapprocher davantage du cœur de Dieu ?
- Que ressens-je lorsque je goûte à la victoire sur un domaine de ma vie qui ne Lui était pas agréable, conscient que ce changement est possible grâce à Sa grâce ?
- Lorsque je saisis la volonté de Dieu pour ma vie, est-ce que je m'abandonne pleinement à Lui, Lui permettant d'accomplir Sa parfaite volonté dans mon cœur et mes actions ?

Affirmation

- Écrivez une ou deux affirmations sur la façon dont vous changez et vous concentrez sur votre croissance dans la sainteté et la sanctification.

Suggestions pour la prière

- Venez humblement devant le Seigneur, Lui demandant avec amour de révéler tout ce qui freine votre croissance spirituelle ou empêche une intimité plus profonde avec Lui.
- Remerciez-Le du fond du cœur pour le don du salut et pour l'œuvre fidèle et transformatrice qu'Il accomplit en vous chaque jour.
- Invitez le Saint-Esprit à illuminer les domaines de votre vie qui ont besoin de renouvellement, façonnant vos pensées, vos actions et vos désirs pour refléter Sa sainteté.
- Confessez votre dépendance à Dieu, reconnaissant les moments où vous vous êtes fié à votre propre compréhension ou justice, et implorez Sa miséricorde et Sa correction.
- Demandez au Seigneur d'enraciner en vous de nouveaux désirs, en accord avec Sa volonté, et de redéfinir votre relation avec le péché, afin que vous puissiez haïr ce qu'Il rejette et aimer ce qu'Il chérit.

Notes

Jour 5

Démarquez-vous

« Vous serez pour moi un royaume de sacrificateurs et une nation sainte. Vous serez donc des choses saintes pour l'Éternel, votre Dieu. »

Lévitique 20:26
e

Depuis le commencement de la création, Dieu a établi une séparation claire entre la lumière et les ténèbres. Il les a distingués, car lumière et ténèbres ne peuvent coexister ; ils sont totalement opposés. En tant qu'enfant de lumière, il est crucial d'éviter toute communion avec les œuvres, les tromperies et les enseignements des ténèbres. Aujourd'hui, prenez la décision consciente d'éliminer de votre vie tout ce qui vous conforme à ce monde, que ce soit consciemment ou non. Cela peut être des relations qui vous éloignent sans cesse de la sainteté, des divertissements qui affectent négativement vos émotions, ou des conversations mondaines qui corrompent votre cœur. Engagez-vous à vous séparer totalement de ce monde, dans vos pensées, vos actions, vos paroles et vos fréquentations. Souvenez-vous que Dieu vous a appelé à être sainte, distincte et mise à part pour Lui.

Notes clés :

- Identifiez les attractions mondaines qui vous éloignent aujourd'hui et débarrassez-vous-en.
- En tant qu'enfant de lumière, ne vous associer pas aux œuvres ou aux enfants des ténèbres.
- Vous êtes appelée à être mise à part, consacrée pour Dieu.

Versets du jour

- Philippiens 2:15
- 2 Corinthiens 6:17
- Psaume 1
- Daniel 1:8

Questions de réflexion

- Trouvé-je encore de la joie dans des activités mondaines ou en fréquentant ceux qui restent attachés aux choses de ce monde ?
- En quoi mes valeurs et mes comportements me distinguent-ils de ceux qui m'entourent, notamment de mes pairs ?
- Est-ce que je me surprends souvent à me plaindre ou à critiquer des choses qui ne correspondent pas à la volonté de Dieu ?
- Y a-t-il des signes d'influences mondaines, comme la négativité ou les distractions, qui persistent dans mon cœur, mon esprit ou mon âme ?
- Suis-je vraiment prête à être mise à part pour le dessein de Dieu, même si cela implique de renoncer à certaines choses ou relations ?
- Comment mon âme réagit-elle lorsque je suis en harmonie avec la volonté de Dieu, ressentant la paix qu'Il apporte ?

Affirmation

- Écrivez une ou deux affirmations sur la façon dont vous êtes séparée et mise à part pour Dieu, et comment vous êtes prête à perdre quoi que ce soit pour plaire à Jésus.

Suggestions pour la prière

- Cherchez humblement le Seigneur et demandez-Lui de révéler tout ce qui entrave votre chemin vers la sainteté.
- Dans la prière, invitez le Saint-Esprit à sonder votre cœur et à dévoiler tout ce qui obscurcit votre âme ou trouble vos pensées.
- Ouvrez votre cœur à Dieu, confessez votre profond besoin de Sa proximité, de Sa force et de Sa grâce pour libérer ce qui Lui fait peine.
- Remerciez Celui qui vous appelle par votre nom, qui vous a mise à part et marquée comme sien.
- Priez le Père de guider chacun de vos pas dans Sa lumière, afin que votre vie reflète Sa gloire et témoigne de Sa vérité auprès de tous ceux que vous rencontrez.

Notes

Jour 6

Déchargez-vous de vos soucis

« Décharge-toi de ton fardeau sur l'Éternel, et il te soutiendra ; il ne permettra jamais que le juste soit ébranlé. »

Psaume 55:22

Imaginez une vie parfaite, sans aucune épreuve ni difficulté. Dans une telle vie, peut-être n'auriez-vous jamais cherché Dieu, ni compté sur Lui, ni tourné votre regard vers Lui pour trouver de l'espoir. Dieu permet les épreuves dans votre vie parce qu'Il veut que vous Lui confiiez tous vos fardeaux et vos douleurs. Il désire que vous vous rapprochiez de Lui, que vous Lui fassiez pleinement confiance face à tout ce que vous traversez. Dans les moments de lutte et de tribulation, ne doutez jamais de Sa grâce. Souvenez-vous qu'Il vous aime autant dans la détresse que dans la joie. Aujourd'hui, abandonnez-vous à Lui, car Il est le pourvoyeur de toute vie, et combien plus encore pour vous, Son enfant bien-aimée. Il peut agir en vous aujourd'hui d'une manière que vous ne pourriez jamais imaginer : guérir vos blessures, restaurer votre cœur brisé.

Notes clés :

- Les difficultés sont des moments d'occasions pour se rapprocher de Dieu.
- Déchargez-vous chaque jour de vos fardeaux et de vos chagrins sur Dieu.
- Jésus a le pouvoir de guérir votre cœur. Confiez-vous à lui.

Versets du jour

- 1 Pierre 5:7
- Deutéronome 31:6
- Matthieu 11:28-30
- Psaume 23:4

Questions de réflexion

- Comment réagis-je face aux difficultés qui surgissent dans ma vie ?
- Quelle est ma première réaction lorsque je fais face à une épreuve ?
- Dans ces moments difficiles, est-ce que je me tourne vers Dieu comme mon refuge et ma force ?
- À quel point recherche-je la présence et les conseils de Dieu quand je traverse la détresse ?
- Est-ce que je crois vraiment que la souveraineté de Dieu dépasse toutes mes circonstances ?
- Après une période difficile, quel est mon ressenti ?
- Ressens-je une croissance spirituelle, consciente que Dieu m'a fortifiée à travers ces épreuves ?est-ce que je réagis lorsque des difficultés se présentent dans ma vie

Affirmation

- Écrivez une ou deux affirmations sur la façon dont vous acceptez vos moments difficiles en sachant que votre Dieu est en contrôle et que tout fonctionne pour le bien de ceux qui l'aiment.

Suggestions pour la prière

- Rendez grâce à Dieu pour chaque épreuve et chaque moment difficile, en ayant la confiance que ces défis vous façonnent pour un dessein plus grand.
- Reconnaissez Sa souveraineté, affirmant avec foi qu'Il trace un chemin même lorsque vous ne le percevez pas.
- Exprimez humblement votre profond besoin de Sa présence, de Sa paix et de Sa force pour vous soutenir au cœur de la tempête.
- Invitez le Saint-Esprit à demeurer en vous, demandant Sa puissance pour rester ferme et Sa présence pour ancrer votre foi dans les épreuves.
- Louez Dieu pour l'œuvre invisible qu'Il accomplit en vous, pour la manière dont Il purifie votre cœur, renouvelle votre esprit et vous rapproche de Lui à travers chaque difficulté.

Notes

Jour 7

Servez-le de tout cœur

« Sers le Seigneur ton Dieu de tout ton cœur et de toute ton âme »

Deutéronome 10:12

Posez-vous cette question aujourd'hui : « Est-ce que je sers Dieu avec joie ? » Servir Dieu avec une expression triste, parce qu'on fait ce qui déplaît au cœur, ce n'est pas vraiment servir. C'est simplement obéir par obligation, par habitude ou par devoir. Une telle démarche manque de vie. Dieu n'a pas besoin d'esclaves pour honorer son trône. Il est le Roi d'un royaume d'amour, et Il souhaite que ses serviteurs soient vêtus de la livrée de la joie. Ses anges le servent en chantant, non en gémissant ou en murmurant. L'obéissance qui n'est pas donnée librement est en réalité une forme de désobéissance. Le Seigneur scrute le cœur. Aujourd'hui, décidez de Le servir par amour, non par contrainte. Que votre service soit lié au plaisir, à la volonté sincère et à la vérité. Alors, il sera une offrande agréable à Dieu.

Notes clés :

- Posez-vous la question de savoir pourquoi et comment vous servez Dieu.
- Servez Dieu par amour et , de tout votre cœur et de toute votre âme.
- Le service du cœur est une offrande devant Dieu.

Versets du jour

- Psaume 100:1-5
- 1 Corinthiens 15:58
- Luc 6:38
- Colossiens 3:23-24

Questions de réflexion

- Pourquoi est-ce que je sers Dieu, et de quelle manière est-ce que je Lui offre mon service ?
- Quel état ressent mon cœur lorsque je me mets au service de Dieu ?
- Est-ce que mon obéissance est animée d'un cœur disposé et soumis, ou est-elle dépourvue d'enthousiasme ?
- Lorsque je sers, est-ce que je m'appuie sur ma propre force, ou est-ce que je puise dans la présence puissante du Saint-Esprit ?
- Mon service à Dieu est-il motivé par un amour et une dévotion sincère, ou est-ce que je cherche plutôt l'approbation des autres et la reconnaissance humaine ?
- Est-ce que je sers Dieu simplement pour apaiser ma conscience, ou est-ce une véritable expression de ma foi et de mon amour pour Lui ?
- Que ressent mon âme en sachant que mon service est une offrande douce, agréable et précieuse à Ses yeux ?

Affirmation

- Écris une ou deux affirmations sur la façon dont vous voulez servir Dieu de tout votre cœur et de toute ton âme, poussée par un amour profond pour Lui, désirant que votre service soit une offrande agréable à Ses yeux.

Suggestions pour la prière

- Exprimez votre gratitude sincère au Seigneur pour le privilège sacré de Le servir en Son nom.
- Invitez le Saint-Esprit à vous revêtir d'humilité et à remplir votre cœur de Son amour divin, afin que votre service soit animé par la pureté et la grâce.
- Demandez humblement au Seigneur de purifier votre cœur de toute crainte humaine. Si votre service a parfois été motivé par le devoir ou la plainte, présentez-vous devant Lui dans un esprit de repentance, cherchant un renouveau intérieur.
- Recherchez la sagesse et le discernement du Père, pour que chaque action accomplie glorifie et honore Son saint nom.
- Rendez grâce pour les occasions, même petites, mais profondément significatives, de servir, et implorez un esprit de fidélité et de persévérance en chaque instant.
- Priez enfin que le Seigneur révèle pleinement les dons qu'Il a placés en vous par la puissance du Saint-Esprit, afin que vous serviez avec efficacité, joie et onction.

Notes

Jour 8

Votre perfection est en Christ

« C'est lui que nous annonçons, en avertissant et en instruisant tout homme en toute sagesse, afin de présenter tout homme parfait en Christ.»

Colossiens 1:27-28

Chaque jour vous rappelle que la perfection semble insaisissable en vous. Tout ce que vos yeux perçoivent reflète vos imperfections, et chaque mot que vous prononcez porte l'empreinte de vos failles. Vous cherchez sans relâche, aspirant à découvrir la perfection enfouie au plus profond de votre cœur. Pourtant, au milieu de cette conscience de vos limites, une paix profonde enveloppe votre âme : en Jésus-Christ, vous êtes déjà parfaite. Aux yeux de Dieu, vous êtes complète en Lui. Un jour viendra où vous serez pleinement rendue parfaite, sans aucune trace de péché, et présentée sans tache ni ride devant le trône de Dieu — le jour glorieux de la sanctification complète. D'ici là, accueillez la paix que cette vérité simple apporte : vous êtes « complète en Christ ». Vivez pleinement votre chemin de sanctification, sans culpabilité, peur ni tristesse. Ayez confiance, car votre Dieu est un Dieu de perfection et de sainteté infinie, et c'est en Lui que vous êtes véritablement parfaite.

Notes clés :

- Vous êtes parfaite en Christ
- Marchez dans la sanctification du mieux que vous pouvez, sans vous condamner pour de petits échecs.
- Attendez le jour de la glorification où vous serez rendus sans péché.

Versets du jour

- *Hébreux 10:14*
- *Colossiens 2:10*
- *Philippiens 3:12-14*
- *2 Pierre 1:3-4*

Questions de réflexion

- Est-ce que je me sens condamnée lorsque je ne suis pas à la hauteur ou que je commets une erreur ?
- Est-ce que je vis dans un péché constant, ou bien est-ce que mes chutes sont occasionnelles sur mon parcours ?
- Suis-je découragée par le fait que, même née de nouveau, il m'arrive encore de pécher, au point d'avoir du mal à l'accepter ?
- Quelle est ma première réaction lorsque je prends conscience d'être tombée dans le péché ?
- Est-ce que je me repens chaque jour, consciente de mon besoin constant de la miséricorde de Dieu, ou bien est-ce que je pense que la repentance n'est plus nécessaire après avoir été sauvée ?
- Que ressent mon cœur lorsque je médite sur cette vérité : je suis parfaite et complète en Christ, entièrement couverte par sa grâce ?

Affirmation

- Écrivez une ou deux affirmations sur comment vous vivez chaque jour dans un esprit de repentance et de sanctification continue, reconnaissant vos faiblesses tout en vous accrochant fermement à cette vérité immuable : en Christ, vous avez déjà été rendue parfaite et complète.

Suggestions pour la prière

- Remerciez Dieu de vous avoir rendue parfaite et complète en Christ.
- Dites à Dieu à quel point vous comptez sur Lui pour vous maintenir debout jusqu'au jour de la glorification.
- Repentez-vous de vos péchés et demandez à Dieu d'enlever toute pensée de condamnation de votre esprit.
- Demandez à Dieu de vous aider à être sensible au moindre péché de votre vie et priez pour que le Saint-Esprit les révèle s'ils sont cachés.
- Partagez avec Dieu vos peurs, vos faiblesses et vos sentiments les plus profonds, en demandant à être soulagé de toute condamnation passée.
- Demandez au Saint-Esprit de vous remplir d'assurance et de foi concernant votre salut et votre croissance dans la sanctification.

Notes

Jour 9

Votre consolateur, l'Esprit Saint

« Et moi, je prierai le Père, et il vous donnera un autre consolateur, afin qu'il demeure éternellement avec vous »

Jean 14:15-17

Avant la venue de son Fils, Dieu s'est déjà révélé aux croyants. Puis le Christ est descendu parmi les hommes, a vécu avec eux, avant de retourner auprès du Père. Avant de partir, il a promis de nous envoyer un Défenseur : le Saint-Esprit. Ce dernier nous rappellerait ses paroles et nous enseignerait toutes choses. Il est l'Esprit de vérité, le véritable Emmanuel — Dieu avec nous. Il demeure en ses saints et parmi eux, instruisant, guidant et gouvernant leur vie. Réalisez-vous-qu'en tant que chrétienne vivante sur cette terre, vous ne pouvez rien accomplir sans le Saint-Esprit ? Mais avec sa puissance infinie, les œuvres les plus extraordinaires deviennent possibles. Vous arrive-t-il d'oublier sa présence et d'agir sans consulter sa volonté ? Si oui, humiliez-vous aujourd'hui pour toute négligence passée. Invoquez le Saint-Esprit : qu'il repose sur vous et qu'il embrase en vous la flamme divine. Le Saint-Esprit n'est pas un don passager — il vous a été donné pour demeurer en vous. Recherchez-le aujourd'hui, et il établira sa demeure en votre cœur. Défenseur envoyé par le Christ, il sera pour vous un consolateur et un guide fidèle.

Notes clés :

- Ne négligez pas la présence de l'esprit saint dans votre vie.
- Cherchez-le tous les jours. Il saura vous réconforter et vous guider.

Versets du jour

- Ésaïe 11:2
- Luc 11:13
- 1 Corinthiens 2:11
- Éphésiens 4:30

Questions de réflexion

- Quelle place le Saint-Esprit occupe-t-il réellement dans ma vie ?
- Est-ce que je crois, de tout mon cœur, que le Saint-Esprit est une personne divine, pleinement Dieu, uni au Père et au Fils ?
- Ai-je besoin de signes visibles ou d'expériences sensibles pour croire qu'il est présent et actif en moi ?
- Comment puis-je discerner sa présence en moi ? Est-ce que je crois véritablement qu'il habite en moi ? Ai-je foi en cette promesse ?
- Suis-je à l'écoute de sa voix, attentif à ses murmures quand j'ai besoin d'aide, de sagesse ou de consolation ?
- Lui fais-je de la place dans mon quotidien, ou est-ce que je l'ignore trop souvent, l'attristant par mes choix et mon silence ?
- Et lorsque je ressens clairement sa direction dans une décision ou un moment particulier, que se passe-t-il en moi ?
- Quelle paix, quelle force, quel sentiment m'envahit quand je sais que c'est l'Esprit de Dieu qui me conduit ?

Affirmation

- Écrivez une ou deux affirmations sur la façon dont vous ressentez un vide profond sans l'habitation du Saint-Esprit, qui vous sert de guide, de conseiller, de consolateur et de protecteur.

Suggestions pour la prière

- Remerciez Jésus pour le précieux don du Saint-Esprit, pour sa présence constante et vivante dans votre vie.
- Ouvrez votre cœur et invitez l'Esprit Saint à habiter pleinement en vous, faisant de votre corps son sanctuaire sacré.
- Confessez humblement les moments où vous avez oublié de chercher sa direction, son réconfort et ses conseils.
- Demandez à Dieu de vous rendre plus sensible, plus attentive à la voix douce et puissante du Saint-Esprit, en toutes circonstances.
- Exprimez votre désir sincère que le Saint-Esprit soit votre guide, votre enseignant, votre consolateur et votre défenseur.
- Priez pour recevoir la grâce de vivre selon sa volonté, afin de l'honorer et de ne jamais l'attrister par vos paroles ou vos actes.

Notes

Jour 10

Aimez vos ennemis

« Aimez vos ennemis, bénissez ceux qui vous maudissent,
faites du bien à ceux qui vous haïssent, et priez pour ceux
qui vous maltraitent et qui vous persécutent »

Matthieu 5:44-45

Aujourd'hui, le mot « amour » est souvent galvaudé, utilisé à la légère pour désigner tout et n'importe quoi, mais rarement sa vraie signification est comprise. Aimer ceux qui nous aiment, qui nous traitent bien et nous apportent du bonheur, c'est facile — même les non-croyants savent faire cela. Mais Jésus nous invite à un amour bien plus élevé, qui dépasse largement les standards du monde. Il nous ordonne : « Aimez vos ennemis, faites-leur du bien. » Peut-on vraiment aimer quelqu'un qui nous a blessé ? Est-il possible d'être bon face à la méchanceté ? Absolument pas, du moins pas par notre seule force humaine. Cet amour radical et courageux, c'est celui auquel Dieu nous appelle — un amour fort, pas faible. Il nous exhorte à être parfaits, comme notre Père céleste est parfait. Pour nous, cela semble hors de portée. Mais ce qui est impossible pour l'homme devient possible par la puissance du Saint-Esprit, qui habite en ceux qui appartiennent à Jésus-Christ. Alors aujourd'hui, demandez à Dieu un cœur à son image. Demandez-lui la grâce d'aimer ceux qui vous haïssent, de bénir ceux qui vous maudissent, et d'agir avec bonté envers ceux qui vous ont fait du tort. C'est cet amour-là qui transforme les cœurs et révèle le Royaume de Dieu à un monde brisé.

Notes clés :

- Aimez vos ennemis et priez pour ceux qui vous ont fait du mal.
- Soyez parfaite dans l'Amour comme Dieu
- Demandez l'aide de l'Esprit Saint pour vous aider à obéir à ce commandement

Versets du jour

- *Exode 23:5*
- *1 Jean 4:7*
- *1 Pierre 3:9*
- *Actes 7 :60*

Questions de réflexion

- Que ressens-je vraiment lorsque quelqu'un me fait du mal ? Quelle est ma réaction instinctive ?
- Est-ce que j'aime seulement ceux qui m'aiment et me traitent bien, ou mon amour s'étend-il au-delà de cela ?
- À quelle fréquence et avec quelle rapidité pardonne-je à ceux qui m'ont blessée, en me rappelant que le pardon reflète la grâce de Dieu ?
- Pardonner, est-ce oublier comme si rien ne s'était passé, ou est-ce plutôt un choix conscient de libérer la douleur et de la confier à Dieu ?
- Y a-t-il des rancunes tenaces dans mon cœur que je dois encore déposer aux pieds de Jésus ?
- Traite-je avec autant de compassion et de bonté ceux qui me blessent que ceux qui me bénissent ?
- Est-ce que je prie pour mes ennemis avec la même ferveur et sincérité que pour mes proches ?
- Que ressens-je dans mon cœur quand je pardonne et rétablis la paix avec un frère ou une sœur en Christ ?

Affirmation

- Écrivez une ou deux affirmations sur la façon dont pardonnez à ceux qui vous ont blessée et aimez-les de la même manière que vous aimeriez ceux qui vous font du bien.

Suggestions pour la prière

- Remerciez Dieu de vous avoir pardonnée tous vos péchés, de sa grâce infinie et de son amour inébranlable.
- Demandez-lui de vous ouvrir les yeux pour comprendre le véritable sens de l'amour, celui qu'Il nous enseigne.
- Priez sincèrement pour vos ennemis, pour leur conversion et leur salut.
- Demandez à Dieu de vous donner la force d'aimer ceux qui vous ont blessée et de libérer votre cœur en oubliant leurs offenses.
- Imploriez son aide pour effacer de votre esprit et de votre cœur toute rancune accumulée, et, si besoin, pour vous donner le courage de faire le premier pas vers la réconciliation.
- Confessez à Dieu tout ce que vous avez ressenti face aux blessures reçues, et repentisse-vous de vos réactions et émotions passées, en lui demandant de purifier votre cœur.

Notes

Jour 11

Soyez Vigilante

« Ainsi, que celui qui croit être debout prenne garde de tomber. »

1 Corinthiens 10:12

Personne sur cette terre n'est totalement à l'abri du danger du péché. Ne vous laissez pas tromper en pensant que, parce que vous êtes sauvée et née de nouveau, vous êtes désormais intouchable face au péché. Le chemin reste glissant, et préserver sa pureté demande une vigilance constante. Vous devez rester sur vos gardes, car seule une attention soutenue vous permettra de garder les mains propres. Ne présumez jamais que parce que vous tenez ferme aujourd'hui, vous ne pouvez pas tomber demain. Un homme qui tient une bombe évite les flammes nues, et de la même manière, vous devez éviter toute exposition à la tentation. N'entrez jamais sur le champ de bataille sans votre bouclier spirituel. Si l'ennemi vous trouve sans défense, il attaquera. Protégez vos pensées, vos paroles et vos actions par la prière. Mieux vaut être trop prudente que pas assez. Alors, restez sobre, vigilante, et scrutez votre chemin. Rappelez-vous que ce monde offre peu de choses pour fortifier votre foi, mais beaucoup pour la mettre à l'épreuve et la détruire.

Notes clés :

- Ne mettez pas votre foi en vos propres forces.
- Évitez de vous exposer aux tentations.
- Priez, soyez sobre et vigilante.

Versets du jour

- 1 Pierre 5 :8-9
- Proverbs 4:23
- Philippiens 4 :6-7
- Proverbes 4 :26-27

Questions de réflexion

- Ai-je parfois la tentation de croire que le péché n'a aucun pouvoir sur moi, simplement parce que je suis née de nouveau ?
- Est-ce que je mets ma confiance dans mon propre contentement plutôt que dans la justice parfaite de Dieu ?
- À quelle fréquence cherche-je sincèrement la guidance du Saint-Esprit, lui demandant chaque jour de me conduire sur les chemins de justice ?
- Est-ce que je dépends pleinement de la grâce de Dieu, reconnaissant que j'ai besoin de sa force et de sa miséricorde à chaque instant ?
- Ou bien est-ce que je compte parfois sur mes bonnes œuvres, pensant qu'elles me protègent seules des forces du mal ?
- M'expose-je aux tentations et aux influences du monde, croyant à tort que je suis à l'abri ?
- Combien de fois est-ce que je prie, demandant à Dieu de garder mes pensées, mes paroles et mes actions, afin qu'elles reflètent sa volonté et sa gloire ?

Affirmation

- Écrivez une ou deux affirmations sur la façon dont vous comptez sur la grâce de Dieu pour devenir plus forte en Christ, en reconnaissant pleinement combien vous avez besoin de l'aide du Saint-Esprit pour garder vos pensées et vos actions sur vos gardes.

Suggestions pour la prière

- Repentez-vous sincèrement du péché d'autosuffisance, et reconnaissez votre besoin constant de l'aide de Dieu.
- Demandez sans cesse au Saint-Esprit de garder vos pensées et de les aligner avec sa volonté parfaite.
- Priez pour que Dieu vous révèle les tentations cachées et les chemins glissants devant vous, afin que vous puissiez les éviter.
- Abandonnez toutes vos forces entre les mains de Dieu, vous appuyant entièrement sur sa grâce pour vous soutenir et vous fortifier.
- Confessez votre dépendance totale à Dieu, reconnaissant que c'est en lui seul que vous trouverez la vraie force en Christ.
- Cherchez l'aide du Saint-Esprit pour rester vigilante, attentive et prête à faire face à tous les dangers spirituels.
- Remerciez Dieu pour le salut qu'il vous a offerte, et pour sa force quotidienne qui vous permet de progresser chaque jour dans la sanctification.

Notes

Jour 12

Avant l'honneur, c'est l'humilité

« Celui qui s'élève sera abaissé, et celui qui s'abaisse sera élevé. »

Matthieu 23:12

Il y a toujours une bénédiction qui accompagne la véritable humilité. Celui qui s'élève sera abaissé, mais celui qui s'abaisse sera élevé. Notre Seigneur Jésus est l'exemple parfait de douceur et d'humilité. Il est venu du ciel, s'est abaissé pour l'humanité, acceptant volontairement un traitement injuste. Il a renoncé à sa gloire, mais c'est précisément par cette humilité qu'il a été exalté. Et aujourd'hui, Il est avec nous. Le royaume des cieux appartient aux pauvres en esprit et aux cœurs contrits. Prenez aujourd'hui la décision ferme de vous humilier, quelles que soient les circonstances. Plus vous diminuez votre ego, plus Christ grandira en vous. Videz sans cesse votre cœur de vous-même, et Dieu le remplira de son amour infini. Il vous honorera au moment juste.

Notes clés :

- Gardez une faible estime de vous-même.
- Soyez humble dans toutes les situations. Dieu vous honorera au bon moment.
- L'humilité est le plus doux parfum de la sainteté.

Versets du jour

- Proverbes 15 :33
- 1 Pierre 5:6-7
- Psaume 25:9
- Matthieu 18:4

Questions de réflexion

- Est-ce que je me surprends parfois à comparer les autres à moi, m'élevant ainsi au lieu de marcher humblement comme Christ me le demande ?
- Ai-je commencé à placer ma valeur dans mes bonnes actions, croyant qu'elles me rendent plus digne ou plus élevée aux yeux de Dieu ?
- Suis-je prête à abandonner ma propre volonté, acceptant parfois la perte pour garder la paix, en faisant confiance que Dieu œuvre à travers cet abandon ?
- Ai-je tendance à me défendre, à m'accrocher à mon orgueil ou à ma position, au lieu de me reposer dans la justification que le Seigneur m'offre ?
- Est-ce que je regarde les autres avec un cœur humble, les honorant comme plus importants que moi ?
- Laisse-je mon ego s'effacer suffisamment pour que la présence du Christ grandisse en moi ?
- Que ressens-je dans mon âme lorsque je choisis le chemin de l'humilité et de l'abandon, laissant Dieu régner sur les tempêtes que je traverse ?

Affirmation

- Écrivez une ou deux affirmations sur la façon dont vous acceptez d'être diminuée afin que Christ puisse grandir en vous, permettant à Dieu de prendre le contrôle de toutes les situations pendant que vous embrassez la douceur.

Suggestions pour la prière

- Repentez-vous sincèrement de vos péchés d'autosuffisance et d'orgueil, en reconnaissant combien vous avez besoin de la grâce de Dieu.
- Demandez humblement au Saint-Esprit de vous aider à cultiver l'humilité dans chacune de vos pensées et actions.
- Exprimez votre besoin de la guidance du Saint-Esprit pour savoir diminuer et rester paisible dans les moments de conflit.
- Confiez à Jésus combien vous désirez qu'Il grandisse davantage en vous, transformant votre cœur chaque jour.
- Partagez avec Dieu votre désir profond de ressembler de plus en plus au Christ, en reconnaissant que cela n'est possible qu'avec le secours de l'Esprit Saint.
- Ouvrez votre cœur à Dieu, en Lui révélant vos blessures, vos faiblesses, et votre besoin intense de Sa grâce.

Notes

Jour 13

Pardonnez à vos assaillants

« Que toute amertume, toute animosité, toute colère, toute clameur, toute médisance, et toute malice soient ôtées du milieu de vous… »

Éphésiens 4:31-32

Si vous faites partie d'une communauté d'église depuis un certain temps, vous avez sans doute connu des moments d'offense. Ces blessures peuvent être légères, comme de petites irritations, ou plus profondes, comme des épines difficiles à arracher. Peut-être que les actions irréfléchies d'un frère tournent en boucle dans vos pensées, ou que les paroles d'une sœur pèsent lourdement sur votre cœur. Malgré vos efforts pour lâcher prise, ces souvenirs reviennent toujours, tels un boomerang. Alors, à quoi Dieu vous appelle-t-il aujourd'hui ? Si vous aimez, vous pardonnerez. Comme l'Écriture le dit si clairement, l'amour « ne garde aucune trace des torts ». Le véritable amour ne tient pas de compte des offenses et ne nourrit aucune rancune. Si Dieu, dans sa miséricorde infinie, a pardonné tous vos péchés et vous aime si profondément qu'Il a donné son Fils unique pour mourir pour vous, comment pourriez-vous refuser de pardonner à votre frère ou à votre sœur ? Prenez un moment aujourd'hui pour examiner votre cœur. Demandez à Dieu de vous aider à discerner si l'heure est venue d'ignorer l'offense ou de l'affronter avec amour.

Notes clés :

- Si vous aimez, vous pardonnerez.
- Abordez ou ignorez les offenses.
- Demandez à Dieu de vous aider à oublier les offenses.

Versets du jour

- 1 Corinthiens 13:4-5 Proverbes 19:11
- Proverbes 18:19
- Galates 6:1

Questions de réflexion

- Est-ce que mes pensées retournent souvent aux blessures du passé, faisant revivre des moments douloureux que Dieu veut guérir en moi ?
- Quand je suis face à cette personne, est-ce que je me sens libre, ou ses paroles et actions passées résonnent-elles encore dans mon âme ?
- Quelle paix envahit mon cœur lorsque je choisis de pardonner, de me libérer du poids du passé, et de laisser la grâce agir et guérir ?
- Est-ce que je me surprends à rejouer souvent ces expériences douloureuses dans ma tête ?
- Est-ce que je peux voir cette personne comme un frère ou une sœur en Christ, au même titre que les autres ?Suis-je prête à lui faire à nouveau confiance ?
- Quand je suis avec cette personne, est-ce que je peux agir normalement ou est-ce que je rumine sans cesse ses paroles ou gestes ?
- Quelles émotions surgissent en moi lorsque je confronte cette personne au sujet du mal qu'elle a causé ?
- Que ressens-je enfin, quand je lâche prise et que je choisis de pardonner ?

Affirmation

- Écrivez une ou deux affirmations sur la façon dont vous choisissez de pardonner à ceux qui vous ont fait du tort et de laisser tomber les offenses, créant ainsi un espace pour que l'amour et la réconciliation s'épanouissent.

Suggestions pour la prière

- Repentez-vous sincèrement d'avoir gardé dans votre cœur un manque de pardon ou de l'amertume.
- Demandez à l'Esprit Saint de révéler doucement vos blessures les plus profondes, pour que vous puissiez les apporter à la lumière.
- Cherchez la sagesse de Dieu pour discerner si vous devez laisser passer certaines offenses ou si vous êtes appelée à les aborder avec celui ou celle qui vous a blessée.
- Ouvrez votre cœur à Jésus, partagez vos sentiments, et exprimez votre désir ardent d'être libérée de tout ressentiment.
- Priez pour le bien-être de votre offenseur et pour que la paix puisse s'installer entre vous, selon la volonté de Dieu.
- Demandez au Saint-Esprit de vous aider à lâcher prise sur les blessures du passé et à aimer les autres comme Christ vous aime.
- Priez pour que le pardon devienne une attitude constante et douce dans votre cœur, jour après jour.

Notes

Jour 14

Votre parure intérieure

« Mais la parure intérieure et cachée dans le cœur, la pureté incorruptible d'un esprit doux et paisible, qui est d'un grand prix devant Dieu »

1 Pierre 3:4

Dans le monde d'aujourd'hui, la beauté extérieure et la richesse matérielle sont souvent mises sur un piédestal. La société impose des normes de beauté rigides, créant une pression constante — en particulier sur les femmes — qui peuvent alors se sentir inadéquates ou invisibles si elles ne correspondent pas à ces standards. Parfois, cette pression s'infiltre même dans les relations personnelles, où certaines femmes se sentent obligées de rivaliser pour l'attention ou l'affection de leur mari. Et pourtant, derrière un sourire ou une apparence soignée, il peut y avoir un cœur accablé, brisé, en quête d'amour véritable et d'acceptation. Mais Dieu nous appelle à regarder plus loin. Il nous invite à cultiver une beauté intérieure, une parure invisible mais précieuse à ses yeux : un esprit doux et paisible, reflet de Sa présence en nous. Car la vraie beauté ne se mesure pas à ce qui est visible, mais à ce que l'Esprit de Dieu transforme en profondeur. C'est une beauté durable, incorruptible — celle d'un cœur aligné avec Christ.

Notes clés :

- Votre véritable beauté réside dans votre être intérieur, enraciné en Christ
- Prenez soin de votre apparence, sans toutefois en faire l'essentiel. Laissez plutôt votre cœur être transformé par Sa grâce.
- Un ornement précieux aux yeux de Dieu : un esprit doux et paisible

Versets du jour

- Proverbes 31 :30
- Galates 5:22-23
- Tite 2:3-5
- 1 Timothée 2:9

Questions de réflexion

- Est-ce que je donne trop de mon cœur à l'apparence extérieure, et comment cette préoccupation affecte-t-elle le calme et la paix de mon âme ?
- Est-ce que je me retrouve à mesurer ma beauté par rapport aux autres, qu'il s'agisse de femmes admirées ou de personnalités publiques, et à désirer refléter leur image, plutôt que l'image de Celui qui m'a créée ?
- Quel est le véritable désir derrière ma quête de la beauté ? Est-il enraciné dans un dessein divin, ou façonné par des normes terrestres et des insécurités silencieuses ?
- Est-ce que je cherche vraiment l'amour et l'affirmation de mon mari, ou y a-t-il une douleur plus profonde en moi, un désir sacré de l'amour parfait et inébranlable que seul Dieu peut satisfaire ?
- Quand je me vois à travers les yeux de l'amour divin, qu'est-ce que je vois ? Quelle vérité sacrée émerge quand je regarde au-delà du miroir et dans le cœur que Dieu a formé ?
- Est-ce que je m'occupe de la beauté de mon esprit avec autant de soin que j'en donne à mon apparence extérieure, cultivant la grâce, la compassion et la paix qui découlent d'une âme ancrée en Christ ?

Affirmation

- Écrivez une ou deux affirmations sur la façon dont vous vous voyez à travers les yeux de Dieu, vous découvrez votre véritable beauté — une beauté qui ne repose pas sur l'apparence, mais sur la confiance, la dignité et la force qui émanent de vos vertus intérieures, façonnées par Sa présence en vous.

Suggestions pour la prière

- Apportez devant Dieu, dans une prière sincère, vos peurs les plus profondes et vos insécurités liées à votre apparence.
- Demandez-Lui de renouveler votre regard, afin que vous puissiez voir votre identité à travers le prisme du Christ.
- Reconnaissez avec humilité si, parfois, vous avez élevé la beauté mondaine ou des figures publiques au rang d'idoles dans votre cœur.
- Invitez le Saint-Esprit à faire grandir en vous les vertus intérieures qui plaisent à Dieu, telles qu'un esprit doux, paisible et rempli de grâce.
- Recherchez Sa force pour grandir chaque jour et refléter toujours davantage le caractère et l'image du Christ.

Notes

Jour 15

Que Christ soit formé en vous

« Mes enfants, pour qui j'éprouve de nouveau les douleurs de l'enfantement, jusqu'à ce que Christ soit formé en vous! »

Galates 4:19

Dans Galates 4:19, l'apôtre Paul ouvre son cœur avec une intensité bouleversante. Ces mots révèlent une profonde inquiétude : les croyants de Galatie étaient en train de s'égarer. Sous l'influence d'un faux évangile, ils mélangeaient la grâce de Dieu avec l'effort humain, glissant lentement du terrain de la foi vers celui du légalisme religieux. Au lieu de reposer sur l'œuvre achevée de Christ, ils cherchaient à être justifiés par leurs propres œuvres. Et cette lutte n'a pas disparu. Encore aujourd'hui, beaucoup vivent sous le poids d'un christianisme basé sur la performance, l'apparence, la conformité extérieure. Ils se fatiguent à essayer d'"être assez" pour Dieu — oubliant que la justice ne se gagne pas, elle se reçoit par la foi. Mais le désir de Dieu pour vous va bien plus loin que l'obéissance à des règles. Son objectif est une transformation du cœur, un renouvellement en profondeur — jusqu'à ce que Christ soit pleinement formé en vous. Vous avez reçu une nouvelle nature en Christ. Maintenant, Dieu vous appelle à la revêtir, à marcher selon elle, et à laisser l'Esprit vous modeler à l'image de Jésus.

Notes clés :

- La justice n'est pas basée sur vos propres œuvres.
- Soyez transformée pour ressembler de plus en plus au Christ.
- Renouvelez votre esprit en vous fiant à l'Esprit Saint.

Versets du jour

- Galates 3 :1-4, 31
- 2 Corinthiens 3:18
- Philippiens 3:21
- 1 Jean 3:2

Questions de réflexion

- Quelle est la véritable nature de ma foi au sujet du salut ? Est-ce que je crois réellement que Dieu m'a sauvée gratuitement, par grâce, ou est-ce que je ressens encore le besoin de "faire assez" pour être acceptée ?
- Est-ce que je me repose pleinement dans la suffisance de l'œuvre achevée de Christ sur la croix, ou est-ce qu'une partie de moi essaie encore de prouver sa valeur ?
- Est-ce que je cherche à être reconnu ou admiré pour le bien que je fais, au lieu de redonner humblement à Dieu la gloire qui lui revient ?
- Est-ce que je m'appuie sur mes propres forces pour atteindre la justice, au lieu de vivre dans la justice que Christ m'a donnée gratuitement ?
- Est-ce que je vis ma foi comme une liste de règles à observer, ou dans la joie d'une relation vivante et intime avec mon Père céleste ?
- Ma vie spirituelle est-elle guidée par le regard des autres, ou par le regard de Dieu ?Est-ce que je cultive l'apparence de la piété, ou bien une transformation intérieure profonde ?

Affirmation

- Écrivez une ou deux affirmations comment vous choisissez de vous reposer dans la grâce parfaite de Dieu et que vous ne cherchez plus à être justifiée par vos propres efforts. Vous recevez avec foi la justice que Jésus vous a offerte et vous refusez de vivre pour l'approbation des hommes.

Suggestions pour la prière

- Élevez votre cœur en profonde gratitude envers Jésus-Christ, qui s'est offert Lui-même comme le sacrifice parfait et suffisant pour vous. Reconnaissez la grandeur de Son amour et la grâce imméritée qu'Il a répandue sur votre vie.
- Exaltez Dieu le Père, dont l'amour infini L'a poussé à donner Son Fils unique, afin que par Sa mort et Sa résurrection vous receviez le précieux don du salut éternel.
- Invitez le Saint-Esprit à demeurer abondamment en vous, renouvelant vos pensées, transformant votre cœur, et vous conformant chaque jour davantage à l'image du Christ.
- Confessez humblement les moments où vous vous êtes appuyée sur vos propres forces ou avez cherché à obtenir la justice par vos œuvres, et demandez au Seigneur Sa miséricorde et Sa grâce, pour apprendre à placer votre entière confiance en Sa puissance rédemptrice.

Notes

Jour 16

N'oubliez pas l'hospitalité

« N'oubliez pas l'hospitalité ; car, en l'exerçant, quelques-uns ont logé des anges, sans le savoir. »

Hébreux 13:2

Dans un monde où les voyages étaient longs et périlleux, offrir un toit était plus qu'un simple geste de gentillesse : c'était une véritable nécessité. Pour les premiers chrétiens, ouvrir sa maison signifiait aussi ouvrir son cœur à Dieu et à ses frères, créant un lieu de fraternité et de prière. L'exemple d'Abraham, qui accueillit trois voyageurs sans savoir qu'il recevait des messagers divins, nous rappelle que chaque rencontre peut être sacrée. L'hospitalité n'est pas seulement une obligation sociale, mais un acte spirituel puissant, où l'amour se manifeste dans le concret. Jésus nous enseigne que servir ceux qui sont dans le besoin, c'est le servir Lui-même. Ainsi, un simple repas offert, une porte ouverte, une main tendue peuvent avoir une portée éternelle, bien au-delà de ce que nous imaginons. Puissions-nous être vigilantes à ne jamais fermer notre cœur ni notre maison, reconnaissant que dans chaque visiteur se cache une présence divine. Que notre hospitalité soit le reflet de l'amour de Dieu, un témoignage vivant de Sa grâce infinie.

Notes clés :

- Montrez votre amour aussi bien aux croyants qu'aux non-croyants.
- Soyez attentive et vigilante lorsque vous aidez les autres, car vos gestes peuvent être une voie qui conduit quelqu'un au salut.
- En accueillant et en faisant preuve d'hospitalité, vous servez directement le Christ Lui-même.

Versets du jour

- Genèse 18 : 1-15
- Lévitique 19:33-34
- Matthieu 27:40-45
- Proverbes 14:31

Questions de réflexion

- Comment puis-je cultiver intentionnellement un cœur d'hospitalité, non seulement envers ceux que je connais, mais aussi envers l'étranger et l'oublié ?
- Y a-t-il une joie sincère dans mon esprit lorsque j'ouvre ma maison ou que je fais preuve de gentillesse, ou est-elle éclipsée par la réticence ou la lassitude ?
- Quand je sers les autres, est-ce que cela naît d'un amour sincère et d'une compassion chrétienne, ou simplement d'un sentiment d'obligation ?
- Suis-je prête à être incommodée pour que quelqu'un se sente vu, valorisé et accepté ?
- Quelles peurs, insécurités ou suppositions pourraient m'empêcher d'accueillir ceux qui ne font pas partie de mes cercles familiers ?
- De quelle manière mes paroles, mes actions et ma présence contribuent-elles à un esprit d'accueil ?
- Comment le Seigneur pourrait-il m'appeler à grandir en offrant une hospitalité radicale et centrée sur Christ, surtout envers ceux qui sont différents de moi ?

Affirmation

- Écrivez une ou deux affirmations sur la façon dont vous voulez restez consciente des occasions d'offrir l'hospitalité, tant à vos frères en Christ qu'aux étrangers, et vous laissez votre amour pour Christ guider chacune de vos actions et inspirer votre gentillesse.

Suggestions pour la prière

- Rendez grâce à Dieu pour les bénédictions et les opportunités qu'Il vous a déjà confiées, vous permettant de servir et de prendre soin des autres.
- Priez afin que Dieu ouvre votre cœur et vos yeux à de nouvelles occasions d'étendre l'hospitalité et l'amour, témoignant ainsi de votre profonde dévotion au Christ.
- Demandez au Saint-Esprit de vous donner le discernement pour reconnaître ces moments divins, ainsi que la force de répondre avec compassion, grâce et humilité.
- Avec un cœur humble, repentez-vous des fois où vous avez laissé passer une occasion d'offrir amour et hospitalité, que ce soit à un croyant ou à un étranger, et cherchez le pardon de Dieu ainsi qu'un engagement renouvelé.

Notes

Jour 17

Vivre pour sa gloire

« Dans son amour à être ses enfants adoptifs par Jésus-Christ, selon le bon plaisir de sa volonté, à la louange de la gloire de sa grâce, qu'il nous a donnée en son bien-aimé.»

Éphésiens 1:6

L'homme a été créé avec un but divin et sacré — un appel qui dépasse l'ordinaire et touche à l'éternel. Dans Ésaïe 43:7, Dieu déclare : « Tous ceux qui sont appelés de mon nom, que j'ai créés pour ma gloire… » Ce verset nous rappelle que notre but ultime est de glorifier Dieu, de refléter sa lumière dans chaque aspect de notre existence. Mais que signifie réellement glorifier le Divin ? Les anges et les créatures célestes chantent ses louanges continuellement. Toute la création témoigne de sa grandeur. Et nous, ses enfants ? Nous sommes appelés à le glorifier d'une manière encore plus intime : à travers le tissu quotidien de notre vie — dans le visible et dans le caché, dans l'ordinaire comme dans le sacré. Glorifier Dieu, c'est l'honorer à chaque instant : par nos pensées, nos paroles, nos actions, en choisissant la pureté, en marchant dans la vérité, et en nous détournant de tout ce qui ternit la lumière qu'il a placée en nous. C'est un chemin d'intentionnalité : faire de chaque respiration une offrande, de chaque geste une prière, de chaque décision un témoignage de son amour. Si votre cœur aspire à honorer Dieu, alors que votre vie toute entière devienne adoration. Que sa Parole soit gravée en vous comme une boussole, guidant chacun de vos pas vers ce qui est bon, juste et saint. Et ainsi, sans même chercher à briller, votre vie deviendra un reflet éclatant de sa bonté, un écho fidèle de sa gloire.

Notes clés :

- Vous avez été créée pour glorifier Dieu.
- Fixez vos pensées et vos actions sur les choses de Dieu.
- Glorifier Dieu : Une vie toute entière d'adoration

Versets du jour

- Ésaïe 43 :7
- Colossiens 3:23-24
- 1 Corinthiens 6:19-20 ; 10:31-33
- 2 Thessaloniciens 1:12

Questions de réflexion

- Quel est l'appel le plus profond que Dieu a déposé dans mon cœur ?
- Est-ce que je chemine en accord avec le dessein divin qu'Il a tracé pour ma vie, ou est-ce que je me laisse absorber uniquement par mes responsabilités et rôles quotidiens ?
- Comment est-ce que je perçois la manière de glorifier Dieu à travers les petites choses de mon quotidien ?
- Ai-je pris le temps de considérer comment chacune de mes pensées, paroles et actions reflète soit la gloire, soit le déshonneur de Dieu ?
- Mes choix, mes paroles et mes actes s'harmonisent-ils avec Sa volonté, et manifestent-ils Son amour comme je le désire ?
- Quelle paix habite mon cœur lorsque j'agis en pleine conscience, avec l'intention de glorifier Dieu en tout ce que je fais ?

Affirmation

- Écrivez une ou deux affirmations sur le fait de vivre votre vie pour la gloire de Dieu, en embrassant son dessein à chaque instant. Vous en faites votre nouvelle norme, en alignant vos actions, vos pensées et vos choix sur sa volonté. Par sa force, vous marchez dans la foi, sachant que chaque partie de votre vie reflète son amour et sa lumière.

Suggestions pour la prière

- Repentez-vous sincèrement des moments où vous avez agi par égoïsme ou par simple obligation, et demandez pardon à Dieu pour chaque fois où vous vous êtes éloignée de Son dessein d'amour.
- Remerciez-Le pour votre création unique, en reconnaissant le plan divin qu'Il a tissé pour votre vie. Prenez le temps de contempler la beauté de ce dessein et l'appel qu'Il a gravé dans votre cœur.
- Invitez le Saint-Esprit à guider chacun de vos pas, en Lui demandant la force et la sagesse nécessaires pour vivre d'une manière qui glorifie Dieu. Faites de Sa volonté votre norme quotidienne, en alignant vos actions, pensées et choix sur Sa vérité éternelle.
- Priez pour que l'Esprit Saint vous rappelle la grâce infinie de Dieu avant toute tâche, grande ou petite, afin que vous l'accomplissiez avec un cœur humble, rempli de révérence et de gratitude.
- Demandez à Dieu de vous rappeler continuellement le véritable but de votre vie. Que chaque instant vous permette de rester centrée sur Son appel, afin que votre parcours reflète Son amour, Sa lumière et Sa gloire.

Notes

Jour 18

Poursuivez la volonté de Dieu

« Car quiconque fait la volonté de Dieu, celui-là est mon frère, ma sœur, et ma mère.»

Marc 3:35

Vous êtes-vous déjà tenue à la croisée des chemins, le cœur en quête d'une direction divine, mais ressentant le silence de Dieu comme un voile mystérieux ? Dans ces instants d'incertitude, il peut sembler que ses conseils se dérobent à notre compréhension. Pourtant, cette période d'attente est une invitation à la patience et à la foi profonde. Nous aspirons naturellement à une vision claire, à une révélation tangible de ce que l'avenir nous réserve. Mais souvent, Dieu choisit de nous guider pas à pas, dans une douce progression. Chaque pas sur ce chemin est une invitation à déposer nos peurs, à nous abandonner davantage à sa présence, à écouter avec le silence de l'âme et à avancer dans la confiance, au-delà de ce que nos yeux peuvent voir. Nous cherchons fréquemment des réponses précises : où poser nos pas, où bâtir notre vie, avec qui partager notre vie. Et si Dieu nous offre la liberté du choix, sa sagesse immuable nous touche doucement lorsque nous ouvrons notre cœur et lui confions nos desseins. À mesure que notre relation avec Lui s'approfondit, nous apprenons à reconnaître non des consignes rigides, mais la douce voix d'un guide aimant. En demeurant ancrées dans sa Parole et sensibles aux murmures de son Esprit, nos désirs s'alignent peu à peu sur ses plans parfaits. Dieu façonne notre esprit et éclaire notre chemin, nous donnant la clarté pour entendre sa voix et le courage de suivre sa lumière.

Notes clés :

- Pour connaître la volonté de Dieu, vous devez être patiente.
- Apprenez à connaître Dieu, vous serez plus familier avec sa volonté.
- Recherchez la sagesse et la perspicacité pour comprendre la volonté de Dieu et l'appliquer.

Versets du jour

- Romains 12:2
- Psaume 143:10
- Actes 16:6-7
- 1 Corinthiens 2:16

Questions de réflexion

- Est-ce que je me laisse envahir par l'impatience lorsque j'essaie de saisir le plan que Dieu a préparé pour ma vie ?
- Dans quelles dimensions de mon quotidien ressens-je sa voix ? Est-ce à travers les Écritures, la prière, des paroles d'autres personnes, ou bien ces doux murmures intérieurs que seul l'Esprit peut susciter ?
- Lorsque je traverse des saisons d'attente, quelle est ma posture intérieure ? Est-ce que je m'approche de Dieu avec confiance, ou bien est-ce que je laisse l'anxiété troubler ma paix ?
- Ai-je déjà agi dans la précipitation, mu par l'impatience plutôt que par la certitude tranquille d'une direction divine ? Et quelles leçons ai-je tirées de ces choix ?
- Crois-je de tout mon cœur que le temps de Dieu est parfait, et que même dans l'ombre, Il œuvre pour mon bien ?
- Et dans ma vie de chaque jour, combien de fois choisis-je de marcher par la foi, en m'appuyant sur sa Parole et la guidance du Saint-Esprit, même lorsque le chemin reste voilé ?

Affirmation

- Écris une ou deux affirmations sur votre vie centrée sur la marche au pas du Seigneur, sur votre marche dans l'obéissance à ses commandements et sur le fait que vous vous appuyez sur le Saint-Esprit pour vous guider dans vos recherches pour comprendre sa volonté pour votre vie

Suggestions pour la prière

- Tournez humblement votre cœur vers le Seigneur et reconnaissez les moments où l'agitation vous a gagnée, lorsque vous avez recherché des réponses au lieu de faire confiance à son dessein parfait. Admettez les instants où vos pas se sont éloignés de son chemin, guidés par votre propre volonté plutôt que par sa direction divine.
- Dans un esprit d'abandon, offrez-lui vos désirs. Déposez vos projets à ses pieds et invitez-le à manifester son plan, selon son temps, dans chaque aspect de votre vie.
- Invoquez l'Esprit Saint afin qu'il vous remplisse de patience et de force intérieure, notamment dans les périodes d'attente où votre foi est mise à l'épreuve.
- Aspirez à la présence constante de l'Esprit. Demandez la grâce de marcher dans une communion intime avec Dieu, d'obéir à sa Parole vivante et d'être transformée par la pensée du Christ, afin de discerner avec joie sa volonté pour votre vie.

Notes

Jour 19

Résistez la tentation

« Aucune tentation ne vous est survenue qui n'ait été humaine, et Dieu, qui est fidèle, ne permettra pas que vous soyez tentés au-delà de vos forces ; mais avec la tentation, il préparera aussi le moyen d'en sortir, afin que vous puissiez la supporter. »

1 Corinthiens 10:13

Nous vivons dans un monde rempli de tentations, parfois discrètes, parfois évidentes, qui touchent tous les aspects de notre vie : la culture, les loisirs, nos choix quotidiens. Ce monde valorise souvent ce qui est superficiel plutôt que ce qui est vrai et sacré. Pourtant, même au milieu de cette confusion, Dieu nous parle doucement et nous guide. Nous faisons face à des épreuves, mais elles ne sont jamais sans espoir. Peut-être n'avons-nous pas encore été appelées à des sacrifices extrêmes, mais chacune de nous reçoit une force venue de Dieu pour avancer. Il connaît nos limites et ne nous laissera jamais porter un fardeau trop lourd. Quand la tentation frappe, Dieu ouvre une porte pour nous en sortir. Il nous tend la main. Notre rôle est de continuer, non dans la peur, mais avec confiance et joie, en gardant les yeux fixés sur Lui. Chaque jour, tournez-vous vers la Bible, faites de la prière votre respiration, pas seulement quand tout va mal, mais aussi dans les moments simples. Résistez à ce qui vous fait tomber, non avec votre seule volonté, mais en vous appuyant sur la force du Christ en vous. Appelez-le, Il vous entendra. Choisissez chaque jour de rejeter ce qui ne dure pas, et de vivre pour ce qui est éternel. En marchant ainsi, le mal s'éloignera, votre foi grandira, et votre cœur s'ouvrira davantage à l'amour de Dieu. Tenir bon, ce n'est pas juste survivre. C'est se laisser transformer par cet amour. Et à chaque pas, Dieu est là, fidèle.

Notes clés :

- Aucune tentation n'est au-delà de votre capacité à endurer.
- Dieu fournit toujours un moyen de s'échapper.
- Supportez les épreuves avec joie, méditez sur la parole de Dieu, priez, résistez et implorez l'aide de Dieu.

Versets du jour

- Psaume 119 : 11
- Jacques 1:2-4 ; 4:7
- Matthieu 6:13
- Hébreux 12:1-12

Questions de réflexion

- Comment est-ce que je reçois les épreuves et les tentations qui jalonnent mon pèlerinage intérieur ?
- Est-ce que je les perçois comme des obstacles isolés, étrangers à la voie du disciple, ou comme des feuillages nécessaires au jardin secret où ma foi se purifie et s'élève ?
- Quand je chancelle devant la tentation, est-ce que je me laisse submerger par le découragement, ou est-ce que je me relève humblement, porté par la grâce infinie de Dieu, avançant avec une confiance renouvelée vers la sainteté ?
- Au creux de la lutte, est-ce que je tends aussitôt mon âme vers la prière fervente, appelant le souffle vivifiant du Saint-Esprit pour me fortifier et m'éclairer, ou est-ce que je demeure passive, espérant une délivrance sans m'unir activement au Divin ?
- Et lorsque, par la miséricorde divine, je triomphe, est-ce que je ressens alors mon esprit s'élever, vibrant d'une foi plus profonde en Celui qui seul m'accorde la victoire et la paix intérieure ?

Affirmation

- Écrivez une ou deux affirmations sur comment vous vous appuyez sur la puissance divine pour vaincre les tentations, en priant sans cesse et en repoussant les assauts de Satan afin de vous rapprocher de Dieu.

Suggestions pour la prière

- Affirmez avec foi devant Dieu que vous comprenez le plan divin derrière chaque tentation, en ayant confiance que, par sa miséricorde infinie, Il vous offrira toujours un chemin pour les surmonter.
- Cherchez la force du Saint-Esprit pour rester ferme face à l'ennemi, en demeurant vigilante et prête à contrer ses attaques.
- Priez pour que le Saint-Esprit vous guide sans cesse, afin de vaincre la chair et pour obtenir le courage de vous relever, peu importe le nombre de chutes.
- Implorez l'Esprit Saint de vous aider à découvrir la joie cachée dans chaque épreuve, en gardant votre cœur fixé sur le sacrifice parfait du Christ, source d'espérance éternelle.

Notes

Jour 20

Combattez l'hypocrisie

« Gardez-vous de pratiquer votre justice devant les hommes, pour être vus d'eux; autrement, vous n'aurez point de récompense auprès de votre Père qui est dans les cieux.»

Matthieu 6:1

Dieu est-il vraiment honoré par une adoration qui manque de sincérité ? Reçoit-Il la gloire lorsque nous nous adonnons à la dévotion simplement pour éviter le regard critique des autres ? La réponse est claire : non. Le Seigneur ne prend pas plaisir à un culte superficiel ou fait pour les apparences. Quand l'adoration devient une routine vide ou qu'elle est motivée par la peur du jugement, elle se transforme en hypocrisie, ce qui déplaît à Dieu. Alors, comment pouvons-nous, en tant que croyants, nous protéger contre cette hypocrisie et cultiver une vie authentique ? Pour vivre avec intégrité véritable, il nous faut trouver un juste équilibre. Nous sommes appelées à une vie pieuse, mais cela ne peut venir de nos seules forces. C'est uniquement par l'œuvre du Saint-Esprit en nous que nous pouvons dépasser les rituels vides et expérimenter une dévotion sincère. Si vous traversez cette lutte aujourd'hui, que votre cœur soit encouragé dans cette quête de piété. Sachez que l'humilité, combinée à une crainte respectueuse, agit comme un rempart contre l'hypocrisie. Disciplinez-vous à vivre avec intégrité devant Dieu, qui « regarde au cœur » et non seulement aux apparences. Dans cette démarche, invoquez sans cesse le Saint-Esprit, car sous sa direction seule votre adoration sera agréable à Dieu. Puisez sa force, et votre cœur s'alignera pleinement sur Sa volonté.

Notes clés :

- L'adoration sans sincérité n'honore pas Dieu.
- Dieu rejette le culte superficiel et les routines vides.
- Il est essentiel d'invoquer le Saint-Esprit pour une adoration agréable à Dieu.

Versets du jour

- Amos 5 :21-24
- 1 Samuel 16 :7
- Philippiens 2:12-13
- Éphésiens 4:22-24

Questions de réflexion

- Est-ce que j'adore Dieu avec un cœur pur, en esprit et en vérité ?
- Est-ce que je modifie parfois ma dévotion pour gagner l'approbation des autres, plutôt que de chercher à honorer Dieu seul ?
- Ma vie reflète-t-elle une intégrité sincère, sans prétention, fidèle à la vérité de mon cœur ?
- Est-ce que je vis en cohérence avec ce que je suis intérieurement, montrant la même sincérité à l'intérieur comme à l'extérieur ?
- Est-ce que je me présente devant Dieu avec authenticité, ou est-ce que je porte un masque pour plaire aux hommes au lieu de Le glorifier vraiment ?
- Est-ce que je poursuis sans cesse la sainteté, disciplinant mon esprit et mes pensées pour qu'ils s'alignent sur la volonté divine ?
- Que ressens-je lorsque je perçois l'œuvre du Saint-Esprit en moi, transformant mon cœur, enlevant tout orgueil ou spectacle, et m'approchant de la vraie grâce ?

Affirmation

- Écrivez une ou deux affirmations sur le fait de vivre une vie profondément enracinée dans l'intégrité, alignée sur la volonté divine et fidèle à l'essence même de l'amour de Dieu. Une vie libérée des ombres de l'orgueil et des gestes vides de sens, qui reflète la pureté intérieure, l'humilité sincère, et un cœur véritablement dévoué.

Suggestions pour la prière

- Confessez à Dieu toute ombre de manque de sincérité dans votre adoration, en reconnaissant les aspects où votre cœur n'est pas encore aligné avec sa vérité.
- Partagez avec Lui votre ardent désir d'adorer en esprit et en vérité, offrant pleinement tout votre être à Sa divine présence.
- Invitez le Saint-Esprit à agir en vous, à éveiller votre âme avec passion et dévotion, afin que votre vie reflète ce qui est véritablement agréable à Dieu.
- Exprimez votre volonté sincère de vivre avec intégrité, sans masque ni hypocrisie, incarnant pleinement l'authenticité de Sa grâce.
- Cherchez à être guidée par le Saint-Esprit pour cultiver un cœur rempli de révérence, de discipline et d'humilité, afin que votre vie soit une offrande de vraie adoration.

Notes

Jour 21

Écoutez en silence.

« Même un insensé, quand il se tient tranquille, passe pour sage ; celui qui ferme ses lèvres est un homme intelligent. »

Proverbes 17:28

Dans l'agitation du monde moderne, nous sommes sans cesse invitées à parler — à travers les réseaux, les écrans, les voix qui circulent. Pourtant, l'appel de l'Esprit Saint nous pousse à la vigilance : nos paroles élèvent-elles l'âme ou dispersent-elles le souffle de la sagesse ? Il est vital de prendre un temps de silence intérieur pour que nos mots soient réellement porteurs de vie. La Parole nous met en garde contre la langue débridée, qualifiée de folie. Maîtriser notre langage est un combat spirituel où la grâce du Saint-Esprit nous soutient. C'est Lui qui nous donne la force de garder la porte de nos lèvres, de transformer notre silence en prière, et nos paroles en semences de paix. Les paroles insensées trahissent un cœur sans sagesse, tandis que le silence choisi avec discernement reflète la présence vivante de Dieu en nous. Aujourd'hui, tournez-vous vers le Seigneur et demandez-Lui de vous guider dans la parole juste. Lorsque l'envie de parler est forte, invoquez le Saint-Esprit pour qu'Il vous aide à écouter au plus profond, à apaiser vos pensées, et à ne dire que ce qui bâtit. La véritable sagesse est celle d'un cœur en paix, qui parle peu, mais avec vérité, honore Dieu par son esprit calme et lumineux.

Notes clés :

- Écoutez davantage, parlez avec sagesse.
- Invitez l'Esprit Saint à garder la porte de vos lèvres.
- Ne laissez pas toutes vos pensées s'échapper en paroles, mais transformez-les dans le silence du cœur.

Versets du jour

- Ecclésiaste 5:3 ; 10 : 14
- Proverbes 10:19 ; 17:27
- Éphésiens 4:29
- Jacques 1:26

Questions de réflexion

- Me surprends-je souvent à parler plus que nécessaire, laissant mes paroles perdre leur pureté et leur lumière ?
- Suis-je parfois entraînée dans des bavardages vains, des commérages, ou des échanges qui n'honorent ni la vérité ni l'amour de Dieu ?
- Mes mots reflètent-ils la volonté divine, apportant réconfort, encouragement et force à ceux qui m'écoutent ?
- Ai-je du mal à maîtriser ma langue, la laissant parfois vagabonder sur des chemins nuisibles ou imprudents ?
- Ressens-je la paix intérieure lorsque je choisis d'écouter davantage, de parler avec retenue, prenant le temps de méditer avant de laisser mes paroles s'élever ?
- Que ressens-je lorsque, dans les moments de tension, je parviens à contrôler mon langage, préférant la douceur et le calme à des réactions hâtives et blessantes ?

Affirmation

- Écrivez une ou deux affirmations comment vous voulez écouter avec profondeur, de retenir vos lèvres et d'ouvrir votre cœur pour que le Saint-Esprit vous habite, vous remplit de calme et de sagesse divines.

Suggestions pour la prière

- Venez devant Dieu avec un cœur humble, confessant votre désir profond de parler avec sagesse et pleine conscience.
- Invitez l'Esprit Saint à vous guider, vous aidant à maîtriser vos paroles, surtout dans les moments difficiles.
- Demandez la présence vivante de l'Esprit pour cultiver en vous le don d'écouter, d'accueillir le calme, et de résister à la tentation de verbaliser chaque pensée passagère.
- Cherchez la guidance de l'Esprit pour saisir le pouvoir sacré du silence, en laissant cet espace ouvert à l'inspiration divine qui façonne vos paroles et vos actes.
- Offrez votre âme à Dieu, aspirant à devenir une femme remplie de sagesse profonde et de compréhension, rayonnant de paix et de grâce à travers chacune de vos paroles et de vos gestes.

Notes

Jour 22

Discerner

« Qui est sage, qu'il comprenne ces choses ! Qui est intelligent, qu'il les sache !»

Osée 14:9

Le discernement est un don sacré, fragile en ce monde qui confond vérité et offense, amour et silence. Ce n'est pas un jugement d'orgueil, mais un alignement profond de votre cœur avec le cœur de Dieu — apprendre à voir et parler selon Lui, même quand la vérité dérange. Marcher dans le discernement, c'est marcher avec l'Esprit Saint, qui éclaire la lumière et révèle l'ombre. C'est un appel à la sagesse céleste, pure, douce, pleine de miséricorde et de paix. Les Écritures disent que la sagesse divine paraît folie à l'esprit naturel, mais pour l'âme vivante en Christ, le discernement est un refuge, une boussole vers la justice. Il ne naît pas de l'intellect, mais d'une intimité cultivée par la prière, nourrie de la Parole et polie par l'obéissance. Trempez votre âme dans la vérité divine, et vous commencerez à entendre la voix douce de Dieu, claire au milieu du tumulte. Discerner, c'est le connaître plus profondément — la plus belle quête de l'âme, la voie tranquille vers la justice et la paix.

Notes clés :

- Cherchez le discernement, c'est aspirer à la justice.
- Pour reconnaître ce qui est faux, il faut d'abord connaître ce qui est vrai.
- En connaissant, en obéissant et en mettant en pratique la parole de Dieu, vous pourrez discerner le bien du mal.

Versets du jour

- 1 Rois 3.9-12
- Proverbes 8:8-9:21-24
- 1 Jean 4:1
- Romains 12:2

Questions de réflexion

- Est-ce que je perçois le doux murmure de Dieu au cœur de la tempête des bruits du monde, ou la clameur a-t-elle étouffé mon écoute spirituelle ?
- Y a-t-il des saisons où le voile du doute obscurcit mon cœur, me laissant en quête de lumière ?
- Est-ce que je crée en moi un sanctuaire — un espace de paix où la présence de Dieu se fait entendre — ou ai-je laissé l'urgence, les distractions et le tumulte m'éloigner de cette attention sacrée ?
- Qu'est-ce qui me tient enracinée dans l'Esprit, m'ancre dans la vérité, et accorde mon âme à la voix de Dieu, par-delà le vacarme de la peur, du désir et des attentes extérieures ?
- Quand la tromperie revêt l'apparence de la vérité, est-ce que je prends le temps de discerner dans la prière, ou me laisse-je séduire par les apparences ?
- Et lorsque la foi me guide sur un chemin qui paraît insensé aux yeux du monde, comment mon esprit réagit-il : recule-t-il ou s'élève-t-il dans un courage tranquille, confiant dans la sagesse de l'Éternel ?

Affirmation

- Écrivez une ou deux affirmations comment vous marchez à la lumière de la sagesse de Dieu, avec un cœur apaisé et un esprit éveillé, vous placez votre confiance en la voix de Dieu, qui vous guide avec clarté au-delà du tumulte du monde.

Suggestions pour la prière

- Élevez votre cœur vers le Seigneur, en Lui confiant votre profond désir de marcher sous la lumière de Sa direction.
- Invoquez l'Esprit Saint pour qu'Il vienne habiter en vous, vous accordant la sagesse divine afin de discerner la voix de Dieu et le chemin sacré qu'Il a tracé devant vous.
- Dans l'humilité, demandez à l'Esprit de vous remplir d'un saint courage pour embrasser la volonté de Dieu, et d'une patience sacrée pour faire confiance à la perfection de Son temps.
- Priez afin que le Seigneur ouvre les yeux de votre âme : qu'Il vous accorde de voir avec clarté, de choisir avec droiture et d'agir avec compassion et justice.
- Dans un abandon amoureux, offrez à Dieu votre liberté, votre mémoire, votre intelligence et toute votre volonté, remettant entre Ses mains saintes tout ce que vous êtes et tout ce que vous deviendrez.

Notes

Jour 23

Disciplinez-vous

« Mais je traite durement mon corps et je le tiens assujetti, de peur d'être moi-même disqualifié, après avoir prêché aux autres »

1 Corinthiens 9:27

Dans notre monde, nombreux sont ceux qui se lèvent tôt, s'entraînent durement et suivent des régimes stricts pour exceller dans leur sport. Mais combien d'entre eux prennent soin de leur âme avec la même discipline ? Négliger notre vie intérieure nous laisse spirituellement faibles. L'apôtre Paul nous rappelle que si l'entraînement physique a sa valeur, c'est la discipline de la piété qui porte des fruits éternels. Trop souvent, nous laissons notre temps avec Dieu se dissiper, absorbés par les distractions. Comme un athlète ne progresse pas sans effort, un chrétien ne grandit pas sans discipline spirituelle. Vivre intentionnellement pour Dieu, par la prière, l'étude et le service, est la plus grande des disciplines. Choisissons de donner priorité à la piété aujourd'hui. Disciplinez votre cœur, votre âme et votre esprit, car la récompense d'une relation avec Dieu dépasse tout ce que ce monde peut offrir. Ce trésor éternel est inaltérable. Courez la course de la foi avec persévérance, sachant que vos efforts pour nourrir cette relation produisent une moisson éternelle.

Notes clés :

- Il est facile de tomber dans le péché sans une discipline spirituelle.
- Disciplinez-vous pour la piété, car elle est essentielle à la sanctification.
- Sans cette discipline, la croissance spirituelle reste entravée.

Versets du jour

- Romains 7:15-20
- 1 Timothée 4:7-9
- 2 Timothée 3-5
- 1 Pierre 1:4

Questions de réflexion

- Dans quels domaines de mon cheminement spirituel est-ce que j'investis consciemment mon temps et mon énergie ? Et où pourrais-je cultiver davantage de cohérence et d'autodiscipline pour me rapprocher de la présence de Dieu et accomplir Son dessein pour ma vie ?
- Avec quelle constance est-ce que je consacre du temps à la prière et à la méditation de la Parole de Dieu ? Comment puis-je intégrer plus profondément ces pratiques sacrées dans le rythme de ma vie quotidienne ?
- Quels sont les obstacles ou distractions qui freinent ma croissance spirituelle ? Et comment puis-je les dépasser grâce à un engagement intentionnel et à une confiance renouvelée dans la direction divine ?
- Est-ce que je prends réellement le temps de m'arrêter dans le silence pour écouter Dieu, ou est-ce que je me précipite dans ma relation avec Lui, sans laisser d'espace pour que Sa voix se fasse entendre ?
- Lorsque je traverse des épreuves ou des défis spirituels, est-ce que je m'appuie sur mes propres forces, ou bien est-ce que je me tourne vers Dieu, cherchant en Lui la discipline, la persévérance et la grâce nécessaires pour avancer avec foi ?

Affirmation

- Écrivez une ou deux affirmations sur votre engagement à cultiver la discipline dans tous les aspects de votre vie, non pour votre propre gloire, mais pour celle de Dieu. Comment vous choisissez chaque jour de faire de votre croissance spirituelle une priorité, en vous appuyant sur Sa force, afin de refléter plus fidèlement le caractère de Christ dans tout ce que vous êtes et faites.

Suggestions pour la prière

- Consacrez chaque action, chaque pensée et chaque désir à Dieu. Exprimez-lui votre intention sincère de l'honorer dans tout ce que vous entreprenez, en croyant qu'Il se servira de votre discipline pour accomplir Son dessein dans votre vie.
- Invoquez l'aide du Saint-Esprit pour persévérer. Demandez-Lui la force de rester ferme, même dans les moments d'épreuve ou lorsque votre discipline vacille.
- Priez pour que le Saint-Esprit vous guide dans la mise en place d'habitudes saintes. Que vos efforts soient en harmonie avec la volonté de Dieu, et que chacune de vos actions reflète Sa gloire.

Notes

Jour 24

Le secret de la persévérance

« Car vous avez besoin de persévérance, afin qu'après avoir accompli la volonté de Dieu, vous obteniez ce qui vous est promis. »

Hébreux 10:36

Dans un monde souvent en décalage avec les enseignements du Christ, l'endurance se révèle comme une vertu sacrée pour l'âme. Sans elle, même les cœurs les plus sincères peuvent être vulnérables aux tentations du péché. C'est grâce à l'endurance que les familles s'alignent sur l'ordre divin, que la vérité demeure inébranlable, que l'Évangile continue de se propager et que notre sanctification s'approfondit. Lorsque le peuple de Dieu succombe à la lassitude spirituelle, les conséquences peuvent être graves. Cependant, l'endurance reste un don précieux, bien trop rare parmi de nombreux croyants aujourd'hui. Ils débutent leur chemin avec ferveur, mais à mesure que le poids de leur vocation se fait sentir, la route devient lourde et ardue. L'enthousiasme pour la saine doctrine s'affaiblit, l'engagement envers la famille et la communauté s'amenuise, et le confort mondain entraîne l'indifférence. Pourtant, dans sa sagesse infinie, la Parole de Dieu offre la voie pour surmonter ces épreuves. Elle nous invite à adopter trois principes sacrés : d'abord, valoriser la force spirituelle au-dessus de la puissance physique ; ensuite, ancrer nos cœurs dans la promesse éternelle plutôt que dans le présent éphémère ; enfin, fixer notre regard sur les vérités invisibles et éternelles, au lieu des réalités temporaires et visibles. Ainsi, pour marcher avec endurance, vous devez nourrir la force de votre esprit, permettre à l'Esprit Saint de guider votre parcours, et garder vos cœurs concentrés sur l'éternel plutôt que sur le passager.

Notes clés :

- Renouvelez votre être intérieur par la force spirituelle.
- L'affliction temporaire conduit à une gloire éternelle.
- Ce qui est invisible a une valeur éternelle.

Versets du jour

- 2 Corinthiens 4:8-9
- Hébreux 12:1-3,7
- Romains 5:3-4 ; 15:4-5
- Jacques 1:2-4,12

Questions de réflexion

- Comment puis-je chaque jour donner la priorité à la force spirituelle du Saint-Esprit, au lieu de m'appuyer sur ma propre force ou sur les solutions du monde ?
- Suis-je souvent absorbée par les préoccupations du moment ? Comment puis-je cultiver une vision enracinée dans les promesses éternelles de Dieu ?
- Dans quels domaines de ma vie suis-je attirée par ce qui est passager ? Comment puis-je réorienter mon cœur vers les réalités invisibles et éternelles ?
- Lorsque je traverse des épreuves ou que je me sens épuisée spirituellement, quelles actions concrètes puis-je poser pour raviver mon endurance en Christ ?
- Quelle influence mon endurance a-t-elle sur ma famille et ma communauté ? Et comment puis-je soutenir celles qui m'entourent dans leur propre marche vers l'éternité ?

Affirmation

- Écris une ou deux affirmations sur votre marche portée par une endurance inébranlable, votre abandon total à la direction du Saint-Esprit, et votre cœur ancré dans les vérités éternelles qui transcendent ce monde.

Suggestions pour la prière

- Invitez le Saint-Esprit à se manifester en vous, à éclairer votre chemin et à guider chacun de vos pas, afin que vous marchiez dans la lumière de la sagesse divine et de la foi pure.
- Recherchez la force infinie de Dieu dans chaque épreuve et défi, avec la confiance profonde que Sa présence vous soutiendra toujours, vous portant dans les moments de doute.
- Priez pour que la patience céleste imprègne votre âme, afin de persévérer avec sérénité, en vous remettant à la sagesse parfaite et intemporelle du Seigneur.
- Demandez à Dieu de centrer votre cœur sur l'éternité, pour ne pas vous laisser emporter par les illusions fugaces de ce monde, mais de rester ancrée dans Sa paix divine.

Notes

Jour 25

Ne vous inquiéter pas

« Que votre cœur ne se trouble point ; croyez en Dieu, et croyez en moi.»

Jean 14:1

L'inquiétude est un défi qui touche chacun de nous de manière unique. Bien que les causes de nos angoisses varient, personne n'échappe à son emprise. Pour certains, c'est une lutte constante, où l'esprit est envahi par des peurs et des incertitudes concernant l'avenir. Cette inquiétude persistante révèle souvent un manque de confiance en la souveraineté de Dieu et en son amour pour nous. Ceux qui ont lutté contre l'anxiété connaissent bien son poids lourd : elle trouble l'esprit, étouffe nos pensées et impacte même notre corps, que ce soit par une suralimentation ou une perte d'appétit, car l'anxiété prend possession de tout notre être. Sous toutes ses formes, elle perturbe notre paix intérieure et bloque le flux de la grâce de Dieu dans nos vies. Mais la plus grande tragédie de l'inquiétude réside dans la façon dont elle entrave notre vitalité spirituelle. La Parole de Dieu nous invite constamment à détourner notre attention des préoccupations passagères de ce monde pour nous concentrer sur les promesses éternelles de Son Royaume. Aujourd'hui, choisissez de chercher d'abord sa justice et de lui faire confiance pour subvenir à tous vos besoins. Ne laissez pas l'inquiétude voler la paix que Christ vous a donnée. Dieu a promis de vous rencontrer là où vous êtes, et il tiendra fidèlement sa parole. Remettez-lui vos fardeaux, car il est plus que capable de les porter pour vous.

Notes clés :

- L'inquiétude peut nuire à votre santé et réduire votre efficacité spirituelle.
- Concentrez votre esprit sur les choses célestes, non sur les préoccupations terrestres.
- Dieu pourvoira à tous vos besoins, car c'est Sa préoccupation.

Versets du jour

- Josué 1 :9
- Matthieu 6:25-29
- Ésaïe 41:10
- Philippiens 4:6

Questions de réflexion

- Quelles peurs ou incertitudes alourdissent mon cœur en ce moment ?
- Comment ces préoccupations révèlent-elles des zones où je n'ai peut-être pas encore totalement confiance dans l'abondante provision de Dieu et dans Sa sollicitude pour moi ?
- De quelle manière l'inquiétude affecte-t-elle mon esprit, mon corps et mon âme, m'empêchant de goûter à la paix de Dieu ?
- Comment puis-je me concentrer davantage sur le Royaume éternel de Dieu et laisser de côté les préoccupations éphémères de ce monde ?
- Quelles actions puis-je entreprendre aujourd'hui pour offrir mes soucis à Dieu, en les remettant entre Ses mains pleines de tendresse ?
- Que signifie réellement chercher d'abord le Royaume de Dieu dans mon quotidien, en alignant mon cœur avec Sa volonté ?
- Comment me souvenir de la fidélité inébranlable de Dieu, sachant qu'Il pourvoira toujours à mes besoins ?
- Quelles démarches intentionnelles puis-je faire aujourd'hui pour inviter la paix de Dieu dans mon cœur, en me libérant des angoisses qui cherchent à me submerger ?

Affirmation

- Écrivez une ou deux affirmations sur comment vous dirigez votre esprit vers les réalités célestes et placez entièrement votre confiance en Dieu pour votre vie, en Lui confiant toutes vos peurs et vos incertitudes.

Suggestions pour la prière

- Confiez à Dieu toutes vos inquiétudes, peurs et incertitudes, en ayant pleine confiance qu'Il saura en prendre soin.
- Priez pour recevoir la force de Lui accorder une confiance plus totale et pour fortifier votre foi, particulièrement lors des moments d'incertitude.
- Demandez à Dieu de vous guider pour vous concentrer sur Sa volonté, Son Royaume et Sa justice, afin qu'ils soient votre priorité. Invitez Son dessein divin à se manifester dans votre vie.
- Ouvrez votre cœur à la paix de Dieu, qu'elle apaise vos angoisses et calme toute agitation. Priez pour que Sa paix garde votre cœur et votre esprit.

Notes

Jour 26

Soyez reconnaissante

« Soyez toujours joyeux. Priez sans cesse. Rendez grâce en toutes choses, car c'est à votre égard la volonté de Dieu en Jésus-Christ. »
1 Thessaloniciens 5:16-18

La véritable joie est un précieux cadeau de Dieu, offert à chaque croyant, mais malheureusement, beaucoup d'entre nous la laissent s'échapper. Souvent, l'insatisfaction et l'ingratitude sont responsables de cette perte, en volant la joie de nos cœurs. Ces luttes trouvent leurs racines dans la mentalité matérialiste de notre monde actuel, qui place la santé, la richesse et la prospérité au centre de tout. Cette mentalité a conduit de nombreux chrétiens à se sentir plus insatisfaits que jamais, leurs attentes et leurs désirs ne cessant de croître, bien au-delà de ce à quoi Dieu nous a appelés. Nous avons perdu de vue la souveraine main de Dieu dans nos vies et, ce faisant, la capacité de rendre grâce en toutes circonstances. Notre attention se détourne alors des véritables priorités – notre foi, notre relation avec Dieu – pour se concentrer sur l'apparence, la réussite professionnelle, les biens matériels et le désir incessant d'en avoir toujours plus, croyant à tort que plus de foi signifie plus de miracles et de pouvoir. Mais aujourd'hui, Dieu nous appelle à ne pas nous laisser emporter par l'esprit de ce monde. Au contraire, reconnaissons ses bénédictions pour ce qu'elles sont réellement : des dons de grâce, et offrons continuellement nos louanges pour sa bonté. Ainsi, en faisant cela, nous protégeons nos cœurs des pièges de l'insatisfaction et de l'ingratitude. Et surtout, nous apportons de la joie à Celui qui mérite toute louange, car en le glorifiant, nous accomplissons le but même pour lequel nous avons été créés.

Notes clés :

- Soyez reconnaissante en toute situation.
- Gardez à l'esprit la souveraineté de Dieu.
- Protégez votre cœur de l'insatisfaction.

Versets du jour

- 2 Corinthiens 12:9-10
- Hébreux 13:5-6
- Habacuc 3:17-19
- Psaumes 37:3-4

Questions de réflexion

- Où suis-je véritablement à la recherche de la source de ma joie ? Est-ce dans la divine présence de Dieu ou dans les choses fugaces de ce monde transitoire ?
- Ai-je laissé un esprit de mécontentement ou d'ingratitude prendre racine dans le jardin sacré de mon cœur ?
- De quelle manière ai-je inconsciemment embrassé les critères du monde pour définir le succès et les bénédictions, au lieu de m'ancrer dans la perspective éternelle de Dieu ?
- Comment cet alignement avec les valeurs éphémères du monde peut-il influencer la posture de mon âme et ma communion avec le Seigneur ?
- Est-ce que je m'abandonne humblement et continuellement à la volonté souveraine de Dieu, en m'en remettant à son temps parfait pour chaque aspect de ma vie ?
- Quels fardeaux ou situations, encore en moi, résistent à l'appel divin de les déposer entièrement aux pieds du Seigneur ?
- Mes pensées se concentrent-elles davantage sur les manques perçus, ou sur l'abondance infinie de grâce que Dieu a déjà versée sur ma vie ?

Affirmation

- Écris une ou deux affirmations sur la manière dont vous choisissez d'exprimer votre gratitude dans toutes les situations, qu'elles soient positives ou négatives, parce que vous croyez que tout contribue au bien de ceux qui aiment Dieu.

Suggestions pour la prière

- Venez humblement devant le Seigneur et confessez toutes les graines de mécontentement qui se sont enracinées dans votre cœur.
- Invitez le Saint-Esprit à renouveler votre vision, en vous apprenant à voir le succès à travers les yeux de Dieu, à chérir ce qu'Il chérit : un cœur de fidélité, un esprit d'humilité et une vie façonnée par l'amour.
- Déposez vos fardeaux à ses pieds, en abandonnant tout poids, et déclarez votre confiance en ce fait : Lui seul est votre suffisance.
- Demandez que sa paix parfaite inonde votre âme, vous libérant de l'anxiété et de l'agitation, et accueillant le calme de sa présence dans tous les recoins de votre cœur.

Notes

Jour 27

Soyez une artisane de paix

« Heureux les artisans de paix, car ils seront appelés fils de Dieu »

Matthieu 5:9

En tant que chrétienne, vous avez été choisie pour devenir un instrument de paix dans un monde divisé et déchiré par les conflits. Dieu vous a appelée à être un vaisseau de restauration, apportant la paix perdue à cause du péché. Vous n'avez pas besoin de titres politiques ou de responsabilités de dirigeante – votre vocation est bien plus grande. Dans cette mission divine, vous portez deux responsabilités sacrées. La première est d'aider les autres à se réconcilier avec Dieu en proclamant l'Évangile de la paix avec clarté et vérité. Ainsi, vous les aidez à comprendre leur séparation d'avec Dieu et les guidez vers la réconciliation par le Christ, le Prince de la paix. Votre deuxième responsabilité est de promouvoir l'harmonie entre les croyantes. Dieu n'acceptera pas l'adoration de celles qui ne sont pas en paix avec leurs sœurs en Christ. Lorsqu'un conflit surgit entre croyantes, vous êtes appelée à intervenir, en cherchant à apporter une résolution et une réconciliation d'une manière qui honore Dieu. Les artisans de paix ne craignent pas les conflits ; au contraire, elles disent la vérité dans l'amour, permettant au Saint-Esprit d'agir dans les cœurs et d'apporter la véritable guérison. Pour être une artisane de paix efficace, il est essentiel de maintenir votre propre paix avec Dieu. Gardez votre cœur avec diligence, confessez vos péchés et préservez une relation pure avec Lui, car c'est seulement ainsi que vous pourrez transmettre la paix du Christ aux autres de manière profonde et transformatrice.

Notes clés :

- Pour être une artisane de paix, il est essentiel de vivre en paix avec Dieu soi-même.
- L'artisane de paix guide les autres vers la réconciliation avec Dieu.
- Elle œuvre également à restaurer la paix entre les croyants.

Versets du jour

- Hébreux 12:14
- Romains 5:1
- Matthieu 5:24
- Ésaïe 26:3

Questions de réflexion

- Est-ce que je veille activement sur mon cœur et cultive la paix avec Dieu à travers la prière, la confession et un esprit de repentance ?
- Comment puis-je annoncer l'Évangile de paix de manière plus claire et authentique ? Y a-t-il des personnes autour de moi qui ont besoin d'entendre le message de réconciliation en Jésus-Christ ?
- Lorsque des conflits surgissent entre croyants, quelle est ma réaction ? Suis-je disposée à encourager la réconciliation et à promouvoir la paix, ou ai-je tendance à me retirer et à éviter de m'impliquer ?
- Comment puis-je mieux exprimer la vérité dans l'amour, en particulier dans des situations tendues ou conflictuelles ?
- Y a-t-il des conflits non résolus ou des relations brisées que je dois aborder pour favoriser la guérison ? Comment puis-je traiter ces situations d'une manière qui honore Dieu et cherche véritablement la réconciliation ?
- Est-ce que je m'appuie pleinement sur le Saint-Esprit pour qu'Il œuvre à travers moi dans le processus de réconciliation, ou suis-je tentée de régler les choses par mes propres efforts ?

Affirmation

- Écrivez une ou deux affirmations sur la manière dont vous aspirez à être un instrument de paix — dans votre propre vie comme dans celle des autres, qu'ils soient croyants ou non — reflète votre désir que votre présence devienne une source de calme, de réconciliation et d'unité. Vous souhaitez incarner cette grâce qui rassemble les cœurs, et qui répand l'amour et l'harmonie autour de vous.

Suggestions pour la prière

- Commencez par remercier Dieu pour qui Il est, et pour toutes les bénédictions qu'Il a répandues dans votre vie. Reconnaissez sa souveraineté sur chaque aspect de votre existence, la paix qu'Il vous accorde, et son rôle en tant qu'Artisane suprême de la paix.
- Demandez au Saint-Esprit de mettre en lumière les domaines de votre vie où la paix fait encore défaut. Confessez-lui avec humilité les conflits non résolus, l'amertume, ou toute attitude qui a pu freiner la réconciliation — que ce soit dans votre relation avec Dieu ou avec les autres.
- Implorez Dieu de vous donner le courage et la sagesse nécessaires pour devenir une véritable artisane de paix en Son nom. Priez pour recevoir la force de dire la vérité avec amour, et pour que le Saint-Esprit vous conduise dans chaque démarche de guérison et de réconciliation.

Notes

Jour 28

Pureté et sagesse

« … à être retenues, chastes, occupées aux soins domestiques, bonnes, soumises à leurs maris, afin que la parole de Dieu ne soit pas blasphémée. »

Tite 2:5

Dans son épître à Tite, l'apôtre Paul souligne deux vertus essentielles qui dépassent les distinctions de genre : la sagesse et la pureté. Il exhorte les jeunes femmes croyantes à cultiver ces qualités dès le début de leur vie adulte. Si la maturité favorise naturellement le discernement, ces vertus doivent germer bien avant qu'elle ne s'installe pleinement. La pureté véritable englobe l'intégrité morale, la sainteté dans la sphère sexuelle et une fidélité sans faille dans le cadre du mariage. Dans une société qui attire constamment les jeunes femmes avec des promesses illusoires et des valeurs inversées, la sagesse et la pureté resplendissent comme des lumières dans l'obscurité. Ainsi, les jeunes femmes animées par l'Esprit sont appelées à vivre ouvertement une vie transformée, en opposition marquée avec les normes dévoyées de leur époque. Dieu veut que ses filles vivent dans la sainteté afin que sa Parole ne soit jamais discréditée. Nos existences sont des témoignages vivants de la vérité que nous proclamons, et la crédibilité de l'Évangile repose, en partie, sur notre manière de le vivre. Plus que jamais, le monde observe attentivement si nos actes reflètent réellement notre foi. Chaque détail de notre vie peut soit révéler, soit affaiblir la beauté et la force du message du Christ. Avec cette conscience, engagez-vous à vivre de manière à mettre en valeur la puissance transformatrice de l'amour de Dieu, embellissant fidèlement l'Évangile que vous portez.

Notes clés :

- Deux vertus divines : « sensibilité » et « pureté ».
- Notre manière de vivre peut soit affirmer, soit compromettre la crédibilité de la parole de Dieu.
- Les filles de Dieu doivent témoigner avec courage et clarté des vies transformées.

Versets du jour

- 1 Timothée 2:9-10
- Philippiens 2:15
- Matthieu 5:16
- 1 Thessaloniciens 4:3-5

Questions de réflexion

- Comment puis-je protéger mon cœur et mon esprit face aux tentations et distractions du monde ? De quelles manières puis-je maintenir la pureté dans mes pensées, mes relations et mes actions, cherchant à refléter la sainteté de Dieu en tout ce que je fais ?
- Comment ma vie témoigne-t-elle de l'œuvre du Saint-Esprit en moi ? Existe-t-il des domaines où mon comportement ou mon attitude ne correspond pas aux valeurs de l'Évangile ? Comment puis-je inviter l'Esprit à me façonner davantage ?
- Suis-je consciente que mes actions sont observées par les autres ? Comment puis-je vivre de manière plus intentionnelle, en montrant une vie qui honore la Parole de Dieu et soutient la vérité de l'Évangile, contribuant ainsi à son témoignage dans le monde ?
- Quelles actions concrètes puis-je entreprendre pour cultiver la pureté et la sagesse dans le contexte actuel ? Comment puis-je davantage dépendre de la direction du Saint-Esprit, afin de vivre d'une manière qui non seulement reflète l'Évangile, mais qui le rend aussi plus attrayant pour celles qui m'entourent ?

Affirmation

- Écrivez une ou deux affirmations sur la manière dont vous vous engagez à préserver votre cœur et votre esprit, en choisissant la pureté et la sainteté dans chaque aspect de votre vie. Grâce à la puissance transformatrice du Saint-Esprit, vous manifestez l'amour et la grâce de Dieu dans vos pensées, vos actes et vos relations.

Suggestions pour la prière

- Priez pour que Dieu vous rappelle que votre vie est un témoignage vivant pour celles qui vous entourent.
- Demandez au Saint-Esprit de vous donner la force de rester vigilante, afin de protéger votre cœur et votre esprit des distractions et tentations du monde, vous permettant de choisir la pureté dans vos pensées, vos relations et vos actions.
- Recherchez l'inspiration du Saint-Esprit pour prendre des décisions qui honorent Dieu.
- Remerciez Dieu pour l'œuvre transformatrice qu'Il accomplit dans votre vie, et demandez-Lui de révéler les domaines où votre comportement ou votre attitude ne reflètent pas Ses valeurs.
- Demandez à Dieu de vous affiner, de vous façonner et de vous aider à grandir davantage à l'image de Christ dans tous les aspects de votre vie.

Notes

Jour 29

Donnez sans condition

« Lorsque tu fais l'aumône, ne fais pas sonner de la trompette devant toi, comme le font les hypocrites dans les synagogues et dans les rues, afin qu'on les glorifie des hommes… »

Matthieu 6:2

Les dons les plus précieux sur le plan spirituel sont ceux offerts avec une humilité sincère, lorsque le donateur s'efface aussitôt après avoir donné. Il ne cherche ni approbation ni reconnaissance, et la gratitude du bénéficiaire lui importe peu. La véritable générosité se manifeste avec une telle discrétion que même notre main gauche ignore ce qu'a fait la droite. Lorsque nous donnons dans le but d'être admirés ou applaudis, à l'image des pharisiens, nous passons à côté de la récompense plus profonde que seul Dieu peut accorder. Un tel geste attire peut-être l'attention humaine, mais il se prive des bénédictions invisibles qui accompagnent un cœur pur et désintéressé. La générosité authentique est le signe distinctif de ceux qui vivent en fidélité avec Dieu. Si, en examinant vos actions, vous réalisez que certains de vos dons ont été motivés – même subtilement – par un désir de reconnaissance, déguisé parfois en fausse humilité, prenez aujourd'hui la décision de renoncer à cette recherche de validation. Offrez désormais dans le secret, entre vous et Dieu seul, pour Sa gloire et Sa récompense.

Notes clés :

- Donnez sans rechercher le mérite ou les éloges.
- N'offrez pas pour paraître pieuse aux yeux des autres.
- Dieu honore ceux qui donnent dans le secret, avec joie et sincérité.

Versets du jour

- Matthieu 6 : 2-4
- Proverbes 11:25
- Deutéronome 16:10
- 2 Corinthiens 9:7

Questions de réflexion

- Est-ce que je donne pour être vue et reconnue, ou pour réellement apporter du bien dans la vie de quelqu'un ?
- Comment puis-je purifier mes intentions afin de donner uniquement pour plaire à Dieu ?
- Est-ce que l'absence de gratitude ou de reconnaissance me touche ? Qu'est-ce que cela signifierait, pour moi, de donner sans rien attendre en retour ?
- Suis-je capable d'offrir mon temps, mes ressources ou ma bienveillance simplement parce que Dieu voit, entend et apprécie le geste, même s'il reste invisible aux autres ?
- Comment discerner les moments où je donne pour de mauvaises raisons ? Et quels pas puis-je faire pour que ma générosité reflète un cœur sincère ?
- Suis-je prête à croire que Dieu connaît l'intention profonde de mon cœur, et que Sa récompense dépasse toute reconnaissance humaine ?
- Comment puis-je apprendre à offrir ce que j'ai – temps, talents, ressources – sans chercher à être remarquée, mais uniquement pour glorifier Dieu en secret ?

Affirmation

- Écrivez une ou deux affirmations sur comment vous voulez donner : librement et dans la joie, sans rien attendre en retour, avec la confiance profonde que Dieu voit chacun de vos gestes et les reçoit avec amour.

Suggestions pour la prière

- Repentez-vous des moments où vos gestes de bonté ont été guidés par le désir d'être reconnue ou admirée.
- Priez pour que Dieu purifie votre cœur et vos intentions, afin que chaque acte de générosité que vous accomplissez soit offert uniquement pour Sa gloire.
- Demandez à Dieu de vous libérer du besoin d'approbation ou de validation humaine, et qu'Il vous aide à ancrer votre valeur en Lui seul.
- Cherchez Son pardon pour les fois où vous avez agi par égoïsme ou donné avec un cœur centré sur vous-même.
- Implorez l'Esprit Saint de vous fortifier afin de dépasser ces élans naturels, et de vous remplir d'un esprit de véritable générosité, un esprit qui reflète l'amour inconditionnel de Dieu.

Notes

Jour 30

Une Communion d'Amour

« Tu aimeras l'Éternel, ton Dieu, de tout ton cœur, de toute ton âme et de toute ta force »

Deutéronome 6:5

L'un des plus purs témoignages d'amour divin que nous offre l'Écriture émane d'une femme au cœur brisé mais rempli de reconnaissance, qui vint oindre les pieds de Jésus avec un parfum d'une grande valeur. Ce geste, bien plus qu'un simple acte, était l'expression d'une âme bouleversée par la miséricorde. En elle, l'amour naquit du pardon. Dans un élan d'adoration, elle s'abandonna entièrement, versant ses larmes comme une prière silencieuse, essuyant les pieds du Christ avec ses cheveux, déposant ses baisers comme autant d'offrandes sacrées. Son parfum, précieux aux yeux des hommes, devint une offrande sacrée au regard de Dieu. Elle donna tout : son corps, son cœur, son bien le plus précieux — non par devoir, mais dans un élan de foi et d'amour profond. Ce moment sacré révèle le désir ardent de Dieu : une communion intime avec l'âme humaine, enracinée dans l'amour et la confiance. Aimer Dieu, c'est habiter Sa présence, s'imprégner de Sa parole, tendre l'oreille à Sa voix, et chercher chaque jour à Le connaître davantage. Il ne s'agit pas seulement de gestes ou de paroles, mais d'un cœur tout entier tourné vers Lui. Aimez le Seigneur votre Dieu de tout votre cœur, de toute votre âme, de tout votre esprit et de toute votre force. Lorsque l'amour divin est gravé en votre être, votre désir le plus profond devient celui de L'honorer, de marcher dans Ses voies, et de refléter Sa lumière dans chacun de vos pas.

Notes clés :

- Aimer Dieu, c'est d'abord le connaître. En le connaissant, on l'aime.
- L'amour pour Dieu nous pousse à lui obéir et à lui plaire.
- Il désire une relation intime avec nous.

Versets du jour

- Luc 7:36-50
- Marc 12:30
- 1 Jean 2:15 ; 5:3
- Jean 14:15,23 ; 15:10

Questions de réflexion

- Comment l'amour de Dieu pour moi influence-t-il ma façon de l'aimer ? À quoi ressemble l'amour de Dieu « de tout mon cœur, de toute mon âme, de tout mon esprit et de toute ma force » ?
- Comment l'amour divin façonne-t-il mes désirs et mes actions ? Existe-t-il des domaines où je pourrais chercher à lui plaire davantage ?
- Que signifie aimer Dieu par le sacrifice ? Suis-je prête à donner de mon temps, de mon énergie ou de mes ressources pour Lui ?
- Dans quels domaines de ma vie me retiens-je de m'abandonner entièrement à Dieu ? Qu'est-ce que j'hésite encore à Lui offrir ?
- Comme la femme qui a renoncé à un bien précieux pour adorer Jésus, que Dieu pourrait-il me demander d'abandonner pour Le suivre pleinement ? Comment réponds-je à cet appel ?

Affirmation

- Écrivez une ou deux affirmations comment vous reconnaissez l'amour profond que Dieu a pour vous et répondez à cet amour de tout votre cœur, de toute votre âme, de tout votre esprit et de toute votre force. Vous Lui remettez votre vie en signe de gratitude, en Lui offrant tout ce que vous avez comme acte d'adoration.

Suggestions pour la prière

- Remerciez Dieu pour son amour démesuré et son pardon sans fin.
- Invitez Dieu à révéler les zones de votre vie où vous vous retenez et demandez-lui de vous aider à les lui confier pleinement.
- Exprimez votre désir d'aimer Dieu de tout votre cœur, de toute votre âme, de tout votre esprit et de toute votre force.
- Reconnaissez la valeur infinie de Jésus dans votre vie. Il est votre Sauveur et Rédempteur, et vous désirez saisir plus profondément la richesse de son sacrifice.
- Partagez avec Dieu votre désir de vous rapprocher de Lui et demandez-lui de vous aider à créer de l'espace dans votre vie pour entendre Sa voix, savourer Sa présence et grandir dans la compréhension de Son cœur.

Notes

www.ingramcontent.com/pod-product-compliance
Lightning Source LLC
LaVergne TN
LVHW081822060625
813230LV00005B/496
* 9 7 8 1 0 6 9 2 5 1 8 4 8 *